自然と人間の関係の地理学

Geography of the Nature and Human being Relationships

安田喜憲・高橋 学 編

古今書院

本書を日下雅義先生に献呈します

Geography of the Nature and Human being Relationships

Edited by Yoshinori YASUDA and Manabu TAKAHASHI

ISBN978-4-7722-4185-4

Copyright © 2017 by Yoshinori YASUDA and Manabu TAKAHASHI

Kokon Shoin Publishers Ltd., Tokyo, 2017

はじめに

安田喜憲

自然と人間の関係の地理学の再評価

　もう 35 年以上も前のことになる。鈴木秀夫先生は 1980 年の「週刊ポスト」8 月 1 日号の POST Book REVIEW の中で，私の『環境考古学事始』（安田，1980）¹⁾ を取り上げて下さった。その中で「自然と人間との間のかかわりを論ずることは，タブーに近い扱いをうけてきている。その発想の起源は，人間とは社会経済的存在であって，人間界のことはそれによって説明されるべきであるという 1 つの思想が，学問の世界に流行してきたためなのであり，この思想の起源地がどのあたりであったかは想像に難くないものと思う」と述べておられる。そして「安田喜憲氏はこの自然と人間との関係に正面から取り組んだ新進気鋭の地理学者の一人であり，まだ三十代の前半にして，これだけの仕事をまとめられた意気はまことに壮とすべきである」と述べてくださった。当時，鈴木先生はまだ東京大学の助教授であった。

　ようやく地理学の中で環境決定論として排斥されてきた理論も，自然と人間の関係の研究として見直される時代になってきた。その背景には，私どもによる年縞の発見（安田，2014²⁾；中川，2017³⁾）によって，年代決定と高精度の環境史復原が可能となったということもある。人類文明史の展開を環境史との関連において再考察しようとする地理学者の試みが，考古学者や歴史学者によって，ようやく評価されるようになってきたのである。それは私にとっては実に長い年月であった。

　本書は「自然と人間の関係の地理学の再興」を目指す論稿集である。本書を上稿しようという契機は，立命館大学文学部地理学教室の高橋　学氏と 2014

年にチリの学術調査をした時にまでさかのぼる。高橋氏が「安田先生いいかげんに中心地論を批判するのを止めてください。いまや中心地論を研究する学生は一人もいませんよ」と言ったのである。日本の地理学会とながらく離れていた私は，いまだに中心地論は地理学研究の中で重要な役割を果たしていると思い込んでいた。ところが高橋氏から見せられた『人文地理学事典』（人文地理学会，2013）[4]には，中心地論という用語は「学説史と理論の系譜」の中に出てくるだけだった。かわりに「環境を対象とする地理学」とか「災害や復興を対象とする地理学」が加わっていた。それは「自然と人間の関係の地理学」に他ならなかった。私が主張してきた文明論や環境史の研究，さらには風土の研究などまさに「自然と人間の関係の研究」が，『人文地理学事典』にも重要な研究課題として取り上げられていたのである。

宮本真二・野中健一編『自然と人間の環境史』（宮本ほか，2014）[5]を拝読した。私はその本の中に，自然と人間の関係の地理学のおもしろさが凝縮されているように思った。特に同じ世代を生きる小泉武栄氏の「自然地理学と人文地理学をつなぐ環境史研究の課題と展望」（小泉，2014）[6]を拝読して，時代はかわりつつあるのだなと実感した。

あの世とこの世はつながっている

私はまともな地理学者として評価されたことは一度もなかった気がする。唯一，『朝倉世界地理講座：大地と人間の物語 全15巻』[7]の監修者として内容を企画し，500人を超える執筆者を選定し，世界の地理の今を，歴史・考古から始まって現代の政治・経済にいたるまでを各国ごとに述べたことが，唯一地理学者として評価されたと思う事柄である。

私は広島大学総合科学部の助手時代に，何とか地理学者になろうと36回も公募に応募した。しかしそれらは，ことごとくダメだった。現代ではさらに過酷ななか，100回近く公募に応募されている若い研究者もおられると思う。私はしかたなく，地理学者になることはあきらめて，自分で作った「環境考古学」を自分の専門にした。このような私が研究者の道を歩んでこれたのは，恩師の先生方のご支援があったからであると思う。

不思議なことだが広島大学を脱出し国際日本文化研究センターに就職がきまった時，母と恩師の能　登志雄先生が亡くなった。そして私が国際日本文化研究センターを定年退職し，東北大学大学院教授を勤めている間に，ご指導いただいた設楽　寛先生・長谷川典夫先生・藤原健蔵先生・西村嘉助先生（以上死亡順）が相次いでお亡くなりになった。東北大学大学院教授を辞めて立命館大学の教授にしていただいた年には，谷岡武雄先生がお亡くなりになった。あの世とこの世はつながっているのではないかというのが，この歳になった私の偽らざる思いである。

梅原　猛先生に救われた人生

　そのような私が研究者の道を歩むことができたのは，梅原　猛先生に国際日本文化研究センターの助教授として採用していただいたからである。もしそれがなければ，私は地理学の研究者としては完全にドロップアウトした人生を送らざるをえなかったであろう。梅原　猛先生はもちろん哲学者であって地理学者ではない。

　「地理学には何の恩義もないのに，なぜ安田は地理学にこだわるのか」とよく言われた。それは若い頃，地理学者になることを夢見，地理学の発展に無限の可能性を感じていたからである。それでも，最近は「やはり自分の地理学は理解されないな」ともう半ばあきらめかけ，弱気になっていた。ところが，若い後継者の地理学者達が，自然と人間の関係を研究することが地理学の王道であると言い出しはじめたのである。それは私には大きな勇気になった。後継者達が，自然と人間の関係の地理学のなかに，未来の学問の発展を探究しはじめてくれていたのである。ようやく時代の潮流が私の主張する自然と人間の関係の地理学の方向に向きはじめた。それをなさしめたのは，若い後継者達だった。

　それでも本書を編集するにあたって感じたことがある。それはアカデミズムの世界において，若者が生き残ることは，いかに大変なことであるかということである。外山秀一氏は皇學館大学学長補佐の重責にあったにもかかわらず，寸暇を惜しんで原稿を投稿してくれようとした。しかし，それはもともと物理的に無理な話だった。立命館大学教授の河角龍典氏はあまりの激務にとうとう

体調を崩され亡くなってしまった。原稿を頂戴した先生方も毎日激務に追われていた。その寸暇を惜しんで書いていただいたのが本書の各章である。その意味でもよくぞ書いていただいたという気持ちでいっぱいである。しかし出版事情が悪く，刊行がのびのびになってしまったことをお詫びしなければいけない。

　しかも大学の先行きが見えない今，過酷な状況が若者を襲っている。研究の場が確保されている先生方は過酷であってもまだいいほうで，現在では研究の場を確保することさえ困難な状況が続いている。私は今，静岡県の「ふじのくに地球環境史ミュージアム」の館長をしているが，そこで教授・准教授・主任研究員の公募を行った。博士号取得以上の方という制限があるにもかかわらず，なんと110名もの応募があった。応募していただいた皆様は全員を採用したいほどに優れた研究者ばかりだった。生物系や農学系の若者が，30代で国際誌に10篇，40代で20篇の論文を刊行されているのが当たり前だった。「これでは日本の損失ではないか。先輩たちはなんという世の中を作ったのか」と怒りに近いものがこみ上げてきた。

　地理学は国際誌に論文を書く点においては最も遅れた分野である。私のように日本の地理学会で評価されないからしかたなく海外の学会誌に論文を投稿していた者以外は，日本語の論文を書くのが長らく一般的だった。おかげで私は国際的には名前が知られて，国際誌のエディターやエディトリアルボードにもなることができ，ノーベル賞を選考するスウェーデン王立科学アカデミーの会員やフンボルト大学の客員教授にもなることができた。それは怪我の功名的な側面もあるが，さすがに最近の日本の地理学会でも，国内誌のみでは評価の対象にならない時代が到来しているらしい。

　しかし，その前になんとしても多くの若者は研究者として生き残らなければいけない。過酷な状況の中でそれでも未来を信じてがんばっておられる皆様に，本書をぜひ読んでいただきたい。なぜなら本書の執筆者は苦労に苦労を重ねており，寸暇を惜しんで原稿を書いてくれた人ばかりであるからである。本書の各章ににじみでている執筆者の労苦の足跡を垣間見ていただき，生きる糧にしていただければ幸いである。

地理学における「いい人」と「悪い人」

　私は「あなた方が未来を見通す先見の明がなかったから，現在の地理学はこのような体たらくになってしまったのだ」と指摘する。普通の人から見ると，それは「死人にムチ打ちまでして」と嫌悪される事につながるかもしれない。しかし，時代をまちがいなく切り開くために，あやまった方向性しか示せない人がリーダーになると，多くの犠牲を伴うだけではない，それに続く人々はもっと悲惨な目にあい，破滅の淵へと導かれるのである。現代の日本の地理学は，まさにその破滅の淵に立たされているのではあるまいか。

　私が地理学者になることを目指していた頃は，「自然と人間の関係の研究など過去のもので，古臭い地理学だ」と言われ，私はどこかの大学の地理学教室の教授になることさえできなかった。それが形を変えて若い後継者によって，復活してきたのである。普通ならにこにこ笑って「自分たちの時代がやっと来た」とほくそ笑むところだ。しかし私は，そう簡単に寛容にはなれないのである。なぜなら，これまで「自然と人間の関係の地理学は環境決定論だ！」と批判していた人が，時代の流れがかわると，こんどはころりと平気で「自然と人間の関係の研究こそが地理学だ！」とおっしゃるそのいい加減さが許せないのである。かつて鈴木秀夫先生に対して「東京大学の教授がこんなことを言うようではもう終わりだ」と言われた方が，いまでは「風土だ，気候だ，環境だ」と鈴木先生と同じことを言っておられる。確かにその方は人間的には「いい人」だったが，自分の主張すべき信念がない人だなあと思う。そしてその人が行った学問と，その人が選んだ後継者を見れば，その人の研究者としてのレベルがわかる。一流の学問ができない人が，一流の後継者を選べるはずがない。

　当時，地理学における「悪い人」は鈴木秀夫先生や私であった。だが「一寸の虫にも五分の魂」という諺があるとおり，悪人にも悪人なりの申し開きがある。そして，今やその「いい人」と「悪い人」の価値観が逆転しつつあるのではあるまいか。「いい人」だと思っていた人が，本当は第二次世界大戦後の日本の地理学を衰亡させた「悪い人」だったのではあるまいか。そして「悪い人」だと思っていた人が，本当は先見の明があり，地理学の未来の発展を見通せる「いい人」だったのではあるまいか。

私はこれまで「いい人」だと思われてきた人が，実は地理学をダメにしたと思うのである。世渡り上手な人（一般には「いい人」）が地理学を牛耳っているから，地理学はいつまでたってもうだつが上がらないのではないか。信念のない人を「いい人」だと判断したのが，戦後日本の地理学者だった。「いい人」には無能な人が多い。自分の主張すべき確たる信念がない故に，世の中が変わるとそれにあわせて付和雷同する。それは一見誰の意見も聞いて，穏やかで「いい人」のように見える。だがそれは確たる信念がないが故である場合が多い。これまでの「いい人」には，2流・3流の研究者が多く含まれるのである。

文理融合の地理学を目指して

　「自然と人間の関係の地理学こそが地理学の王道だ」と主張され続けてきたのは日下雅義先生（日下，1973[8]，1980[9]）だった。立命館大学地理学教室には，そうした文理融合の地理学を遂行する学問の伝統が強く存在する。私は2014年4月から立命館大学環太平洋文明研究センター長として，立命館大学に着任することになった。それを機会に，立命館大学地理学教室の自然と人間の関係を重視する地理学の伝統をあつかましくも再興してみたいと思った。第二次世界大戦後，多くの地理学理論が花火のように打ち上げられ，そして消えていった。それは，自らの世界観・自然観に自信をなくした戦後の日本人がたどった悲しい魂の彷徨でもあった。戦争に負けることが，これほど自国の文化や文明に精神的ダメージを与えるものなのか。私が地理学者になることを目指していた頃，隆盛を誇っていたのは中心地論だった。だがその中心地論は，今や地理学の学説史の中でしか語られない，過去の理論になってしまっているのである。

　「今，やっと地理学本来の目的に，地理学者たちがめざめはじめた」と言うのが，私のいつわらざる気持ちである。「いやそんなことはない，自然と人間の関係の地理学は一昔前の古臭い地理学だ」といまだに声高に反論される先生方もおられるかもしれないが，その反論が，なぜかむなしく空に消えていくのを感じるのは私だけではあるまい。地理学者になることをめざした私にとっては，今日までの年月は，つらくて苦しい長い年月だった。私は地理学者としては苦労したが，私の後継者たちには実に優秀な若者が多く，私が主張してきた

自然と人間の関係を研究する地理学は，これら若い研究者たちによって，受け継がれ大きく発展していくであろう．

本物の地理学者が必要とされている

　地理学の本物性が今，問われているのではあるまいか．未来を見通せる本物の人間，本物の地理学者，本物の天才によってしか，新しい時代は切り開きえないのである．

　小泉武栄氏（小泉，2014）[10]は「安田がはじめての本『環境考古学事始』を刊行したとき『こんな（馬鹿な）本を書いて』とはきすてるように東北大の先生が言われた」と書いておられた．お人よしの私は，まさか東北大の先生までがそのように言っておられるなどとは夢にも思わなかった．しかしそれが現実なのであろう．「安田先生は人がいいからいつもだまされる」と弟子からもよく言われる．高橋　学氏（高橋，2003）[11]は博士論文の提出に当たって，「歴史地理学」という名前をつけるように谷岡武雄先生から強力に言われたそうだ．しかし彼は「環境考古学」にこだわってくれて，最後までそれを押し通してくれた．ありがたいことである．

　時代は，地理学の大きな転換期にさしかかっているのではあるまいか．私の地理学は評価されなかった．いや評価する力が先学にはなかったというのが正しい表現かもしれない．しかし，後継者達によってようやく自然と人間の関係の地理学の時代が招来されつつあるように見える．南都六宗は反最澄でかたまっており，ようやく最澄の主張する「一向大乗戒壇」が認められたのは最澄の死後のことであった．しかし，最澄が開いた比叡山は，その後，学問の府として1000年以上も発展し，日本の仏教界をリードする多くの大天才を生み出した．それは最澄の教えを基本とする後継者たちが優秀であったからである．

　我々は「自然と人間の関係」を研究する後継者を，これから育成しなければならない．地理学を支えてきた古今書院から，自分の恥をしのんで本書をあえて刊行いただいたのは，後継者達の育成のためである．地理学をつまらない興味のない学問におとしめてしまった戦後70年の日本の地理学をリードされてきた人にかわって，新しい地理学の時代を創造する若い後継者のために本書は

刊行された。

　新たな自然と人間の関係の地理学の時代は，この一書からはじまる。

[注]
1) 安田喜憲『環境考古学事始』NHKブックス，1980，270頁.
2) 安田喜憲『一万年前』イーストプレス，2014，278頁.
3) 中川　毅『人類と気候の10万年史』講談社ブルーバックス，2017，218頁.
4) 人文地理学会編『人文地理学事典』丸善出版，2013，788頁.
5) 宮本真二・野中健一編『自然と人間の環境史（ネイチャー・アンド・ソサエティ研究　第1巻）』海青社，2014，398頁.
6) 小泉武栄「自然地理学と人文地理学をつなぐ環境史研究の課題と展望」，(宮本真二・野中健一編『自然と人間の環境史』海青社，2014，所収)，363-388頁.
7) 立川武蔵・安田喜憲監修『朝倉世界地理講座：大地と人間の物語　全15巻』朝倉書店，2006－刊行中.
8) 日下雅義『平野の地形環境』古今書院，1973，317頁.
9) 日下雅義『歴史時代の地形環境』古今書院，1980，407頁.
10) 前掲6).
11) 高橋　学『平野の環境考古学』古今書院，2003，314頁.

目　次

はじめに ……………………………………………………………… 安田喜憲　i

第1章　日本の「環境考古学」の成立と地理学 ……………… 宮本真二　1
Ⅰ．地理学と環境研究 ………………………………………………………… 1
　1．地理学の環境研究 ……………………………………………………… 1
　2．人間の環境としての地形 ……………………………………………… 2
Ⅱ．環境考古学の視点 ………………………………………………………… 4
　1．環境考古学の展開 ……………………………………………………… 4
　2．歴史地理学の視点と環境考古学 ……………………………………… 5
　3．地形環境研究への批判 ………………………………………………… 6
Ⅲ．環境考古学の今後 ………………………………………………………… 7
　1．人間の生活の場としての地形環境研究 ……………………………… 7
　2．災害史研究 ……………………………………………………………… 8
　3．歴史学としての環境考古学と環境史 ………………………………… 9

第2章　中世荘園の人と自然
　　　　－紀伊国桛田荘の地形環境と灌漑用水－ ……………… 額田雅裕　14
Ⅰ．はじめに …………………………………………………………………… 14
Ⅱ．桛田荘の研究史 …………………………………………………………… 15
Ⅲ．桛田荘付近の地形 ………………………………………………………… 24
Ⅳ．文覚井の形成過程 ………………………………………………………… 27
　1．文覚井とその灌漑地域 ………………………………………………… 27

  2．条里型地割と地形面 …………………………………………… 29
  3．文覚井の開削時期 ……………………………………………… 31
 Ⅴ．おわりに ……………………………………………………………… 33

第3章　近世前期の鉄穴流しによる地形改変と耕地開発 ── 徳安浩明　38
 Ⅰ．はじめに ……………………………………………………………… 38
 Ⅱ．東北地方の近世史料からみた鉄穴流し ……………………………… 41
  1．比重選鉱の方法と技術変化 …………………………………… 41
  2．地形改変の方法と技術変化 …………………………………… 44
 Ⅱ．近世前期における鉄穴跡地の地形的特色 …………………………… 46
  1．北上川水系砂鉄川上流域の内野地区 ………………………… 46
  2．吉井川水系泉山北西麓の大神宮原地区 ……………………… 48
  3．旭川水系鉄山川流域の鉄山地区 ……………………………… 50
 Ⅲ．鉄穴流しにともなう耕地開発 ………………………………………… 51
  1．鉄穴流しによる耕地開発の研究史 …………………………… 51
  2．流し込み田の実態 ……………………………………………… 53
 Ⅳ．むすび ………………………………………………………………… 56

第4章　水辺に生きる人間と自然の共役史 ── 神松幸弘　60
 Ⅰ．「地球の明かり」が示す陸と水の境界線 …………………………… 60
 Ⅱ．湿地とその恩恵と災厄 ………………………………………………… 61
 Ⅲ．琵琶湖がもたらす恩恵 ………………………………………………… 63
 Ⅳ．琵琶湖沿岸の環境改変 ………………………………………………… 63
 Ⅴ．フナ類の繁殖生態 …………………………………………………… 64
 Ⅵ．漁業者の影響応答 …………………………………………………… 67
 Ⅶ．ラオスにおける水田で営まれる稲作と漁撈 ………………………… 70
 Ⅷ．メコン河流域におけるタイ肝吸虫症 ………………………………… 72
 Ⅸ．貝の生息場所と生活史 ………………………………………………… 73
 Ⅹ．水田の近代化が貝にもたらすもの …………………………………… 73

XI．自然の人間の相互作用とそのダイナミクスの記述 ………………………… 77

第5章　遺跡からみた火山活動と人々の応答　………………… 小野映介　80
　I．はじめに ………………………………………………………………………… 80
　II．火山活動は「人間活動の舞台」を如何につくり，変えたのか ………… 82
　III．2つの超巨大噴火 ……………………………………………………………… 85
　IV．遺跡からみた火山活動と人々の応答 ……………………………………… 90
　V．十和田915年噴火にみる人々の応答 ………………………………………… 92
　VI．火山災害を見つめなおす …………………………………………………… 95

第6章　火山灰編年学にもとづく北海道の人類史，環境史，災害史の
　　　　　諸問題 ………………………………………………………… 中村有吾　105
　I．はじめに ………………………………………………………………………… 105
　II．北海道の火山活動と広域テフラ …………………………………………… 107
　　1．大雪火山 ……………………………………………………………………… 110
　　2．支笏カルデラ ………………………………………………………………… 110
　　3．駒ヶ岳火山 …………………………………………………………………… 112
　III．人類史と広域テフラ ………………………………………………………… 113
　　1．北海道最古の遺跡はどこか ………………………………………………… 113
　　2．文化の変遷と広域テフラ …………………………………………………… 115
　IV．環境変動とテフロクロノロジー …………………………………………… 116
　V．まとめと今後の課題 ………………………………………………………… 118

第7章　京都市大水害－GISからのアプローチ－ ……………… 谷端　郷　126
　I．本章の目的 ……………………………………………………………………… 126
　II．研究対象地域と京都市大水害の概要 ……………………………………… 128
　　1．研究対象地域 ………………………………………………………………… 128
　　2．京都市大水害の概要 ………………………………………………………… 129
　III．研究方法 ……………………………………………………………………… 130

1．研究資料 ……………………………………………… 130
  2．分析の手順 …………………………………………… 131
 Ⅳ．浸水被害の分布とその要因 …………………………… 133
  1．浸水および各種被害の分布 ………………………… 133
  2．浸水被害と地形・市街地化との関連性 …………… 136
  3．浸水被害の要因 ……………………………………… 141
 Ⅴ．本章のまとめ …………………………………………… 142

第8章　南太平洋の人類の移動と自然環境　　　　森脇　広 146
 Ⅰ．はじめに ………………………………………………… 146
 Ⅱ．南太平洋の人類の移動 ………………………………… 146
 Ⅲ．クック諸島 ……………………………………………… 149
 Ⅳ．ニュージーランド ……………………………………… 154
 Ⅴ．おわりに ………………………………………………… 156

第9章　環太平洋の災害と文明　　　　　　　　　　高橋　学 159
 Ⅰ．視　点 …………………………………………………… 159
 Ⅱ．環境変動と時間精度 …………………………………… 162
 Ⅲ．太平洋地域おける環境変動のテレコンバート ……… 164
  1．ラ・ニーニャ現象とエル・ニーニョ現象 ………… 165
  2．環太平洋地域の地震と火山活動 …………………… 169
 Ⅳ．バルデビアの地形環境と被災記憶の風化 …………… 171
 Ⅴ．環太平洋地域の地震と火山噴火との関係 …………… 180
  1．地震後の火山噴火 …………………………………… 180
  2．日本列島周辺の地震と火山活動 …………………… 181
 Ⅵ．まとめ …………………………………………………… 182

おわりに ………………………………………………………… 187

第1章　日本の「環境考古学」の成立と地理学

宮本真二

Ⅰ．地理学と環境研究

　地球環境問題が顕在化した現在において，環境考古学の役割やその存在意義はすでに広く知られている。しかし，その成立過程に言及した研究はわずかで，フィールド・サイエンスとしての研究史上の位置づけについての議論に乏しい。特に環境考古学は，日本の考古学研究の進展によって成立したのではなく，隣接科学である地理学において遺跡を対象とする地形研究が進展し，環境考古学が提示され，広くその領域が認知されてきた経緯がある。その後，他の研究領域同様に，地理学においても分野内細分化が進展する中，自然と人間との関係性の追求という地理学本来の視点からの遺跡を対象化した研究群こそが日本における環境考古学の成立の主体であったことを本稿では明示し，結果として日本考古学研究者の研究史の意図的な整理の誤りを指摘する。さらに，学際的領域としての環境考古学研究の今後の研究課題についても提示し，研究動向を展望した[1]。

1．地理学の環境研究

　本稿では総合科学としての側面が強い環境考古学は，日本考古学から派生してきたのではなく，隣接科学としての地理学研究から提起されたことを指摘する。そのために，我が国の環境考古学の系譜について，地理学の環境研究との

関係性から検討し，研究史上に位置づけることを目的とする。その上で，それらの研究が抱えている問題点や可能性を明らかにしたい。

　地理学において，環境研究が主要なテーマであったことはない。たとえば「かつて地理学は，自然と人間の関係，自然環境と社会との交互作用を研究するものと考えられていたこともあった」（浮田，1984）[2]と述べられているように，環境という自然と人間との接点領域を研究対象とすることは重視されてこなかった。なぜなら，環境決定論の影響（鈴木，1988[3]；安田1990[4]，1990[5]，1992[6]）もさることながら，自然地理学と人文地理学の二項対立の構図の形成（森滝，1987）[7]が，結果として総合的な視点が求められる環境問題に対処できなくなったことも事実であろう。森滝（森滝，1987）[8]は社会科学としての（人文）地理学を志向する立場を明確にしているが，社会学の環境史への対応（鳥越，1984）[9]で提起されたような視点や理論を，現時点までの地理学が提示できているとはいえまい。森滝（森滝，1987）[10]は地理学的研究の規範のなかで，環境研究を志向する立場だが，地理学の独自性を地理学の枠内のみで議論しても生産的でない（門村，1993）[11]と指摘されているように，問題設定が自己の領域内で消化されるような研究では，分野間の相互批判は生まれず，その結果として，安易な分野内細分化が進展する可能性が高いと考える。

　地理学における環境研究の困難さは，環境問題研究の一展開としての気候変動と人間活動との関係性の考察に対して，「地理学の禁忌（タブー）」（安田，1990）[12]と評されるまでに，環境を対象とする研究は避けられていたのである。

2. 人間の環境としての地形

　このように，地理学は環境研究に積極的なアプローチを行ってこなかった。そして環境問題が顕在化する時代において，細分化を加速させてきた背景がある。そのような中で，遺跡を研究対象とし，自然と人間との関係性の科学としての地理学を志向する立場から，「地形環境研究」の枠組みが提示された。ここではその系譜をたどる。

　日下（日下，1973[13]，1980[14]）などによる一連の地形環境研究の公表によって，地形環境という用語の存在は知られるようになった。「地形環境という語

をphysiographic environmentとtopographic settingsとの中間的な意味をもつものと解し，過去の地形と人間生活に関する研究，すなわち古環境の復原にたいして用いたいと思う」（日下，1982）[15]と述べているように，通史的な各段階における地形と人間活動の関係性の探究を意識していたものと解釈できる。しかしこの視点は，現在の環境問題以前の，日本の高度経済成長期における自然破壊の顕在化期（公害問題発生時）から形成されてきたことに着目する必要がある。自然地理学の物理現象のみを対象とする研究や，人文地理学の人文を強調する傾向を批判的にとらえ（日下，1967）[16]，人為による自然環境の実態を把握するため，人にとっての地形という視点への展開（日下，1975）[17]が認められるのである。

このように，自然と人間との関係性を追求するとした本来的な地理学を志向する立場から，地形環境への視点を，「人間の環境としての地形」として規定した（日下，1973）[18]。この領域は地理学における自然現象そのものを対象とする自然地理学や，人文現象そのものを対象領域とする人文地理学の「はざま」に位置するものであり，その後各地域・時代を対象とした地形環境研究は，若干の視点を変えながらも，考古学との連係などによって蓄積されてきた[19]。それらの成果は，自然環境の影響そのものをあまり重視しなかった考古学や歴史学にとっても，周辺として成立した領域でもあった。たとえば，遺跡発掘調査報告書などの二次的な考古学成果を考察に導入する従前の歴史地理学的な研究方法ではなく，考古学が対象とする遺跡発掘調査そのものに主体的に加わり，一次資料を蓄積し，地形環境や土地利用変化などを考察する「地形環境分析」（高橋，1989）[20]などの成果である。これらの研究は，先史時代以降の短期間の地形環境の変化の解明だけでなく，空間のなかでの遺跡の立地に着目する視点をもつ。その空間を対象化することによって，結果として日本の考古学的研究も生活空間の解明に研究動向が転換しつつある（宮本・牧野，2002）[21]。

II．環境考古学の視点

1．環境考古学の展開

　記録保存を目的とした遺跡発掘調査の増加は，多くの発見をもたらした。またその結果として考古学への関心が高まり，考古学に自然科学の参入をもたらすものとなった。そのような時勢のなか，「環境考古学」は，Butzer（Butzer, 1964）[22]の著作に強く影響を受けた地理学研究者の安田喜憲（安田, 1980）[23]によって日本で初めて提唱された。安田（安田, 1980）[24]は環境考古学を，人類史を軸とした自然科学と人文科学にわたる総合科学として位置づけている。またその方法として「過去における主体（人間）と環境との相互作用の歴史を具体的に復原し，その地域的な比較のうえにたって人類史を見直すという，生態史の帰納的手法」（安田, 1980）[25]を適用することを提起した。その後出身分野が異なる研究者から，いくつかの環境考古学の定義が試みられてきた。たとえば「人間社会の発展と古環境およびその変遷との相互関係を探求する学問」（那須, 1984）[26]や，「環境考古学は過去における自然界すべての復原をめざしているのではなく，人間生活に直接・間接にかかわりをもつ現象に限られる」（日下, 1993）[27]との指摘がある。さらに「環境考古学は過去の人類と環境の相関的規定の関係史から現代を照射する」（小野, 1997）[28]ことや，「主に自然遺物（ecofact）の分析を通して，過去および現在の環境や生態系と人間活動の関係を明らかにすることを目的とした考古学の一分野である」（佐藤, 2000）[29]との見方や，「遺跡から検出された自然遺物・遺体の分析を通じて，過去における人と自然の相互関係の歴史を復原すること」（中島・宮本, 2000）[30]と広義にとらえる見解がある。

　このように，安田（1980）[31]による提唱以降，環境考古学は地理学や考古学研究者の注目を集めることになった。しかし，一部の日本考古学の研究者からは，遺跡から産出する各種の自然遺体の自然科学的分析によって過去の生態系を復原すること（松井, 2001[32]；十菱, 1998[33]）や，自然科学的知識の必要性の指摘（伊庭, 2001）[34]のように，言わば，遺跡発掘現場における自然科

学の導入といった技術論的分野として把握される傾向が強く,その後分析技術以外の方法論的検討は進展していない。さらには,環境と冠しているのにもかかわらず,現在の地域環境問題に対して積極的なアプローチが行われているとはいえない。たとえば佐藤(佐藤,2002)[35]は,考古学の旧石器研究において現代的意義を問う立場として環境史に注目している。

また地形環境研究を行ってきた日下(日下,2000)[36]は,環境考古学同様に注目を集めることになった遺跡の立地研究などを主要な研究テーマとするジオアーケオロジーに関わる書評論文で,次のような問題点を指摘する。ジオアーケオロジー的研究からうける普通の印象が,「さまざまな遺跡レベルでの土壌もしくは堆積物に関する研究」と把握されることが,当初の目的としての「遺跡の形成と破壊は,文化的にコントロールされるか,またはそれに基づいて生まれる。そして人々と彼等の環境との間の相互関係は,遺跡の中と,それを含む景観の相方に反映されているのである」ということの解明が失敗していると述べた。つまり環境考古学の場合,日本考古学が主体的に試みてこなかった遺跡からの自然遺体の各種自然科学分析が周辺領域として評価されるあまり,遺跡成立時の周辺生態系の解明といった狭義の意味における事例研究の蓄積が大半となったことへの批判である。しかし,各種の自然科学的分析の導入は一般化し,空間のなかでの遺跡の立地環境といった視点は一般化し,日本の環境考古学的研究は,「現代考古学において,システム論的考古学の総合的一分野を形成しつつある」(佐藤,2000)[37]と評されるまでになっている。

2. 歴史地理学の視点と環境考古学

地理学研究者らが注目してきた環境考古学やジオアーケオロジーの展開は,必ずしも突如として提唱されたものではなかった。それは歴史地理学のなかで展開されてきた「景観変遷史」研究が,地理学研究者が容易に環境考古学の視点を受け入れる素地として機能したのだと考えられる。

「先史地理学」を提唱した小牧(小牧,1937)[38]は,歴史地理学の目的を「歴史時代の時の断面における土地・地域(景観=Landschaft)の抽出」におき,景観復原の重要性を指摘した。続く藤岡(藤岡,1947[39],1955[40])は,小牧(小

牧，1937)[41]の提起した断面は一時代的なものではなく，時間の蓄積の断面であることや，現在と過去の地域の照射において検討する必要性を主張した。景観変遷（発達）の概念は，谷岡（谷岡，1963[42]，1964[43]）などの事例研究の蓄積によって理論化がはかられてきた。また考古学が対象とする遺跡での資料蓄積の実際は，小野（小野，1966[44]，1978[45]，1986[46]）による歴史地理学の一分野としての「考古地理学」の確立や，戦後直後に行われた登呂遺跡（日本考古学協会，1950)[47]や瓜郷遺跡（井関，1950)[48]など，戦後初期に実施された遺跡の総合調査の研究史は，環境考古学的視点を含んでおり高く評価されよう。環境考古学を提唱した安田（安田，1978)[49]も，生態史の視点を加味し，谷岡（谷岡，1964)[50]らによる景観変遷史を叙述理論として展開し，歴史地理学として自然環境変化の変遷と人類の関係性研究の課題を展望している。

しかし考古地理学や歴史地理学の目的が，先史時代以降歴史の各時代の地域の特質解明にあり，その際最も重視されるのが地域区分である（藤岡，1982)[51]ことは，地理学内の問題設定であったため，考古学との関連性において実践性をもたなかったものと考える。

このように環境考古学は，1980年代当初において突如として登場した新しい分野というよりも，京都の立命館大学や京都大学の地理学教室関係者を中心とした歴史地理学から蓄積されてきた景観変遷史の発展型として位置づけるのが適当である。高橋（高橋，1993)[52]が指摘する考古学分野での研究の領域がモノから地域へと展開する過程は，歴史地理学の研究史を省察すると，「新しい」ではなく，「復興」といった位置づけも可能である。

このように，日本における環境考古学の成立過程は，地理学の研究史上で位置づけることが適切であり，松井（松井，2005)[53]で言及された考古学を中心とした研究史の整理は，日本考古学を中心軸において，周辺の隣接科学の研究史を意図的に歪曲・排除することを意図した研究史の整理であり，より強く批判されるべきである[54]。

3. 地形環境研究への批判

次に地形環境研究への批判を概観する。沖積平野研究の先駆的業績（たとえ

ば,井関,1983[55]) を残した井関(井関,1983)[56] は,日下雅義の研究発表を受けて,一連の地形環境研究に対して次のような批判を行っている。「人間の地形変容営力や地形形成の条件改変能力が格段に高まった歴史時代に入ると,単純な自然科学的手法によって地形発達史を組み立てることは困難になる。しかしそのことは,裏返せば史料に残る人為的地形改変プロセスを地形発達史のなかに読み取ることを可能にするものであり,文献史料と表層地形の変容との間に整合性を見出し,地形発達史の側面から古代史料の信憑性を検討することも可能になるのである」(井関,1983)[57]。この指摘は地域ごとに普遍的に存在する諸現象を系統化するという地理学的立場においては,正確な批判であろう。つまり何を起こすのかわからない人間が残した遺跡における痕跡を,系統的に把握する必要性である。

人間の活動痕跡としての遺跡からの情報は,点情報であり系統的把握が困難である場合が多いことから,結果として個別の現象記載的な結論に結びつきやすい。しかし,井関(井関,1983)[58] が示した視点から行われた研究(たとえば,武久,1986)[59] はその後蓄積されていないことや,変遷のモデルの提示を行って系統的把握・説明が試みられている(たとえば,高橋,1994)[60]。ここで最も重要なのは,地誌に代表されるような,地域性の解明という固有の情報を重視してこなかった戦後の地理学研究において,自然そのものの現象を対象とする自然地理学的研究では,人間活動はおろか地域ごとに顕在化する地域環境問題に対して総合的な見解を提示できていないという事実に着目する必要がある。

III. 環境考古学の今後

最後に環境考古学研究の可能性について,代表的な研究課題にもとに述べる。

1. 人間の生活の場としての地形環境研究

これまで見てきたように,地形環境研究(たとえば,日下,1980)[61] が研究対象としてきたのは,純自然環境要素としての地形ではなく,人間の生活環

境や舞台としての地形で，その結果として日本では多くの生活空間が展開する沖積平野が研究対象地域となってきた。地形環境研究の意義は，自然・人文地理学と細分化される傾向にあった地理学の現状を，環境という用語をもちいることによって人の存在を考慮した地形研究の必要性を強調したことである。それは本来的な地理学の命題としての自然と人間の関係性の科学の再構築を促す意図があったと考える。

地形環境研究の事例研究の蓄積によって，先史時代以降の短期間において発生した地形環境変遷の実態が次第に解明されてきたが，これらの研究は必ずしも現在の環境問題解決を目的とした問題設定が行われているとはいえない。これらの研究は考古学とのつながりを強くしながら方法論的な検討が行われているが（たとえば，宮本・牧野，2002）[62]，現代の環境問題を意識しながらの建設的な批判も，方法論的議論も現時点では展開されていない。

土地に対する人の積極的な働きかけの復原を主要な研究テーマとする地形環境研究は，同時代的一致で語られることの多い気候変動と人間活動関係性の研究では見えてこない，生活の実態の変遷について解明することができる。つまり土地に対する人の働きかけの歴史は，自然からのリスク管理を伝統的で継続性ある知の蓄積としてとらえることが可能で，検証性のない一般論として批判の対象となる環境決定論を克服できるものと考える。最近では数値地図の活用やGISによって遺跡の立地特性を把握しようとする試み(たとえば，千葉・横山，1999)[63] などがみられるが，解釈に深みをもたせ，実態ある議論の展開には，フィールドでの資料蓄積がより重要となることはいうまでもない。

2. 災害史研究

日常生活のなかで一瞬の劇的な変化をもたらす現象として災害が挙げられる。歴史のなかでの災害を対象とした研究はこれまで数多く蓄積されて（たとえば，矢田，1998[64]；菊池，2000[65]），東日本大震災以降も研究の方向性は変化しながらも増加している。しかしその大半は，災害の特殊性が強調され，通時的な視点に欠けている。そのなかで，洪水という災害に着目すると，たとえば昭和戦前期の琵琶湖の沿岸村落では，洪水による被害という側面でなく，季

節的な琵琶湖の水位上昇に適応し,またはそれを利用してきた実態が明確となった(宮本・牧野,2002)[66]。このように見ると,一見災害という特殊性にとらわれる洪水だが,長期の変動のなかでは,周期的な自然環境の変動に適応し,利用してきた人間活動の実態へと研究の視点が移る。

歴史学においては人の自然に対する積極的な働きかけを評価し,素材としての自然という認識に立つ開発史(黒田,1984)[67]とともに,「従来の文献史学は人間の自然に対する主体的働きかけを重視する余り,自然の猛威が社会や生活に及ぼす影響を過少評価してきた傾向がある」(峰岸,2001)[68]ことから,自然環境の人間活動へもたらした影響として災害が着目されている。しかし巨大な自然環境の影響としての災害に着目するばかりでは,その特殊性や災害によって特化された時代が浮き上がるばかりである。

これらの災害の特殊性の強調は,結果として現代の大規模開発政策のなかで根拠を提示したことも事実である(宮本・牧野,2002)[69]。つまり「災害に悩まされ続けてきた人々を守る」という論理が発生し,大規模開発が行われ,結果として現在の地域環境問題が発生した。災害史研究は歴史のなかで,自然に対して人々の対処の実態を解明するうえで重要なテーマだが,現代の環境問題のなかで意義を見出す場合,その特殊性の強調よりも,プロセスや,以後の経過,さらには通時的な観点からアプローチする必要がある。

丸山(丸山,1999)[70]が指摘する「いわばドラマティックな局面に目を向けるよりも,そこに至るまでのプロセスに注意を払うべき」との指摘も環境史研究の大切な視点であろう。

3. 歴史学としての環境考古学と環境史

すでに述べたように,環境考古学という領域は,発掘現場における自然科学の導入といった技術論的分野として把握される傾向があり,その後分析技術以外の方法論的検討は進展していないともいえる。技術的な進展による分析技術の精度向上は,新しい知見をもたらし,重要である。

しかし,埋蔵文化財報告書で「付論自然科学的分析」としての嘆き(松井,2005)[71]と語られることから進展させるためには,各種の分析による発見が

もたらす方法論的もしくは解釈の進展について，歴史叙述という歴史学の枠組みから検討する段階にある．

換言すれば，日本考古学と地理学という限定的な領域内ではなく，分析科学や周辺科学としての環境考古学から，歴史学としての環境考古学へと昇華させる努力を行うべき段階にあると考える．このような試みがフィールド・サイエンスである地理学や環境考古学の環境史という広域な枠組みへの挑戦でもあるだろう[72]．

環境考古学は，日本考古学からではなく，その周辺科学としての地理学，または地理学的な視点からそのディシプリンが形成されてきたことにこそ，その特色があり，可能性が内在している．

[付記]

本稿の一部は，標題「日本の「環境考古学」の成立と地理学－歴史地理学（地形環境研究），環境史，ジオ・アーケオロジーとの関係性」，2013年度人文地理学会大会（2013年11月，大阪市立大学），および標題「日本の「環境考古学」の成立と地理学の地形環境研究との関係性」，第60回考古学研究会総会・研究集会，（2014年4月，岡山大学）で口頭およびポスターで発表した．

その折にご批判・討論いただきました皆様に深く感謝いたします．

本研究の研究経費の一部には，科研費・基盤研究C「アジア・モンスーン地域における土地開発の歴史的変容とその要因解明」（研究代表者：宮本真二，課題番号：25370929）と，同・基盤研究C「アジア・モンスーン地域における「土地開発史モデル」の構築」（研究代表者：宮本真二，課題番号：17K03265），の一部を使用した．

[注]

1) 本稿は，地理学における環境・環境史研究について論じた宮本（2004）を大幅に改変した宮本（2013）に，宮本・野中（2014）の要旨を加筆し，修正を加えた．

宮本真二「フィールドからの環境史－地理学からの応答－」，日下雅義編『地形環境と歴史景観－自然と人間との地理学－』古今書院，2004，7-21頁．

宮本真二「地理学と環境考古学」，動物考古学30，2013，435-442頁．

宮本真二・野中健一「人はいかにして住まうか？　人間からとらえる自然－関係性の地理学の再構築から環境史へ－」，（宮本真二・野中健一編『自然と人間の環境史』海青社，2014，所収），13-28頁．

2) 浮田典良「人文地域総説」，浮田典良編『人文地理学総論』朝倉書店，1984，1-17頁．

3) 鈴木秀夫「環境決定論というタブー」，地理 33-10，1988，13-17頁．
4) 安田喜憲「日本文化風土論の地平」，日本研究 2，1990，171-211頁．
5) 安田喜憲『気候と文明の盛衰』朝倉書店，1990，358頁．
6) 安田喜憲『日本文化の風土』朝倉書店，1992，224頁．
7) 森滝健一郎「地理学における環境論」，水資源・環境研究 1，1987，34-47頁．
8) 前掲7)．
9) 鳥越皓之「方法としての環境史」，（鳥越皓之・嘉田由紀子編『水と人の環境史－琵琶湖報告書』御茶の水書房，1984，所収），327-347頁．
10) 前掲7)．
11) 門村 浩「環境科学研究における自然地理学の役割」，地理学評論 66A，1993，798-807頁．
12) 前掲5)．
13) 日下雅義『平野の地形環境』古今書院，1973，317頁．
14) 日下雅義『歴史時代の地形環境』古今書院，1980，407頁．
15) 日下雅義「歴史時代における地形環境の研究」，立命館文学 439-441，1982，371-396頁．
16) 日下雅義「人文地理学と地形研究」，人文地理 19，1967，60-78頁．
17) 日下雅義『環境地理への道』地人書房，1975，134頁．
18) 前掲13)．
19) 日下（1982，前掲18)）の地形環境研究の視点を継承した事例研究として，以下の論文などが挙げられる．
　　長澤良太「紀伊田辺平野における先・原史時代の遺跡立地とその古地理」，人文地理 34，1982，84-95頁．
　　山川雅裕「濃尾平野東部における遺跡の立地と古地理の変遷」，立命館文学 466-468，1984，82-117頁．
　　小橋拓司「由良川中・下流域低地の古地理と地形環境」，立命館文学 483-484，1985，73-97頁．
　　外山秀一「遺跡の立地環境の復原－滋賀，比留田法田遺跡・湯之部遺跡を例に」，帝京大学山梨文化財研究所研究報告 1，1989，161-177頁．
　　中塚 良「山城盆地中央部小泉川沖積低地の微地形分析－遺跡立地からみた地形形成過程と構造運動」，東北地理 43，1991，1-18頁．
　　高橋 学「古代末以降における臨海平野の地形環境と土地開発－河内平野の島畠開発を中心に－」，歴史地理学 167，1994，1-15頁．
　　青木哲哉「中世集落の立地と地形環境」，（高木正朗編『空間と移動の歴史地理』古今書院，2001，所収），1-32頁．
　　宮本真二・國下多美樹・中塚 良「山城盆地西縁における古墳時代の古環境と遺

跡立地」,歴史地理学 203, 2001, 107-118 頁.
20) 高橋　学「埋没水田遺構の地形環境分析」,第四紀研究 27, 1989, 253-272 頁.
21) 宮本真二・牧野厚史「琵琶湖の水位・汀線変動と人間活動―過去と現在をむすぶ視点」,地球環境 7, 2002, 17-36 頁.
22) Butzer, K. W. : *Environment and Archaeology.* Chicago, Aldine, 1964.
23) 安田喜憲『環境考古学事始―日本列島 2 万年―』日本放送出版協会, 1980, 270 頁.
24) 前掲 23).
25) 前掲 23).
26) 那須孝悌「環境考古学の定義と課題」,日本文化財科学会会報 6, 1984, 5-6 頁.
27) 日下雅義「考古学と古地理学」,(森　浩一編『考古学―その見方と解釈・下』筑摩書房, 1993, 所収), 3-28 頁.
28) 小野　昭「環境考古学―人類史と自然史の対話」,環境情報科学 26-2, 1997, 2-7 頁.
29) 佐藤宏之「環境考古学」,安斎正人編『用語解説・現代考古学の方法と理論　Ⅱ』同成社, 2000, 31-36 頁.
30) 中島経夫・宮本真二「自然の歴史からみた低湿地における生業複合変遷―学際研究から総合研究への可能性―」,(松井　章・牧野久美編『古代湖の考古学』クバプロ, 2000, 所収), 167-184 頁.
31) 前掲 23).
32) 松井　章編『環境考古学（日本の美術 423)』至文堂, 2001, 87 頁.
33) 十菱駿武「環境考古学とは」,日本の科学者 33, 1998, 453-457 頁.
34) 伊庭　功「粟津湖底遺跡―環境史解明の宝庫」,地球 23, 2001, 400-404 頁.
35) 佐藤宏之「旧石器研究の現代的意義」,科学 72, 2002, 594-599 頁.
36) 日下雅義「ジオアーケオロジー」,徳島文理大学文学論叢 17, 2000, 77-91 頁.
37) 前掲 29).
38) 小牧実繁『先史地理学研究』内外出版, 1937, 85 頁.
39) 藤岡謙二郎「景観変遷史の性格覚書」,日本史研究 1, 1947, 82-92 頁
40) 藤岡謙二郎『先史地域及び都市域の研究』柳原書店, 1955, 461 頁.
41) 前掲 38).
42) 谷岡武雄『平野の地理―平野の発達と開発に関する比較歴史地理学方法論』古今書院, 1963, 272 頁.
43) 谷岡武雄『平野の開発―近畿を中心として』古今書院, 1964, 344 頁.
44) 小野忠凞「「考古地理学」の意義」,考古学ジャーナル 8-3, 1966, 2-6 頁.
45) 小野忠凞「歴史地理学における考古地理学の任務」,歴史地理学紀要 20, 1978, 69-78 頁.
46) 小野忠凞『日本考古地理学研究』大明堂, 1986, 456 頁.
47) 日本考古学協会編『登呂―本編―』毎日新聞社, 1954, 415 頁.

48) 井関弘太郎「初期米作集落の立地環境－愛知県瓜郷遺跡の場合」，資源科学研究所彙報16，1950，6-10頁．
49) 安田喜憲「自然環境と人類のかかわりあいの史的研究序説」，歴史地理学紀要20，1978，79-112頁．
50) 前掲43)．
51) 藤岡謙二郎「考古地理学と研究法」，(藤岡謙二郎編『講座考古地理学 1』学生社，1982，所収)，11-31頁．
52) 高橋 学「地形環境分析からみた弥生時代の環濠集落－「もの」の科学から「地域」の科学へ－」，(山田安彦教授退官記念会編『転換期に立つ地域の科学』古今書院，1993，所収)，46-54頁．
53) 松井 章「生業と環境」，(考古学研究会編『考古学研究会40周年記念論集 展望 考古学』考古学研究会，2005，所収)，286-296頁．
54) 前掲1)(宮本,2013)においても同様の批判を展開したが，現段階での反論はない．
55) 井関弘太郎『沖積平野』東京大学出版会，1983，145頁．
56) 井関弘太郎「1982年度大会特別発表－日下雅義－歴史時代における地形環境の研究」，人文地理35，1983，85-88頁．
57) 前掲56)．
58) 前掲55)．
59) 武久義彦「条里地域における地形上の二・三の問題」，条里制研究2，1986，153-160頁．
60) 前掲19)(高橋，1994)．
61) 前掲14)．
62) 前掲21)．
63) 千葉 史・横山隆三「遺跡立地と地形特徴」，情報考古学5，1999，1-12頁．
64) 矢田俊文「明応地震と太平洋海運」，民衆史研究55，1998，45-57頁．
65) 菊池勇夫『飢饉－飢えと食の日本史』集英社，2000，210頁．
66) 前掲21)．
67) 黒田日出男『日本中世開発史の研究』校倉書房，1984，502頁．
68) 峰岸純夫『中世 災害・戦乱の社会史』吉川弘文館，2001，256頁．
69) 前掲21)．
70) 丸山康司「獣害問題の環境史－共的関係の構築への課題」，相関社会学6，1999，245-268頁．
71) 前掲53)．
72) 前掲1)(宮本・野中，2014)．

第2章　中世荘園の人と自然
－紀伊国桛田荘の地形環境と灌漑用水－

額田雅裕

Ⅰ．はじめに

　桛田荘(かせだ)は，寿永2年（1183）に後白河法皇から寄進された京都高雄の神護寺(じんごじ)領荘園で，文治元年（1185）桛田荘検田取帳（以下，検田取帳と略す）から62町7反余の耕地のあったことが知られる。その荘域を画いた中世の荘園絵図，紀伊国桛田荘絵図（以下，桛田荘絵図）2幅が，荘園領主の神護寺と在地の宝来山神社に伝来し，神護寺中興の祖，文覚上人が開削したと伝えられる中世灌漑用水路，文覚井(もんがくゆ)は現在も重要な幹線用水路として桛田荘域の耕地を潤している。

　桛田荘の四至は，延徳3年（1491）桛田荘四至牓示注文（以下，四至牓示注文）によると，東が現在の和歌山県伊都郡かつらぎ町笠田東(かせだ)の折居(おりい)，南が紀ノ川，西が背山(せのやま)，北が穴伏川(あなぶしがわ)と和泉山脈にあたる。

　筆者（額田，1997）[1]は和歌山地方史研究会シンポジウムにおいて，桛田荘の地形と開発地の関係について「一町規模の条里型地割の分布地域は下位段丘面にあたり，木村氏は2～3mある段丘崖を見落としている」と指摘し，沖積低地が荘園の基盤とするこれまでの木村説（木村，1985）[2]を否定した。それに対して木村氏は反論できなかったばかりか，考古学的発掘調査の結果から沖積低地の開発は近世以降であることが報告された（和歌山県文化財センター，1997）[3]。それにもかかわらず，シンポジウムの総括は桛田荘の開発地を沖積

低地としており，事実誤認の学説が 10 年以上も命脈を保ったことは甚だ遺憾である。

本稿では，桛田荘の地形環境を概観し，文覚井の開削時期，灌漑地域と地形面との関係などを検証し，中世における自然と人間の関係について考察することで，中世史学のかかえる問題についても指摘したい。

II．桛田荘の研究史

桛田荘に最も早く注目し研究を行ったのは，西岡（西岡，1931）[4]であろう。彼は桛田荘の故地である和歌山県伊都郡かつらぎ町の出身で，1931 年に桛田荘を対象とする研究論文を発表している。彼は，史料に基づいて桛田荘など神護寺領の 6 荘園の成立について論じた。また，彼は荘園絵図に注目し，調査に絵師を同行して絵図を模写させ，その摸本を早稲田大学で一堂に展示した。桛田荘絵図は，領域型荘園の典型的な絵図として高等学校の歴史教科書に掲載され，最も有名な荘園絵図の一つとなっている。

戦前〜戦後の研究は管見の限りほかにみないが，1970 年代になると桛田荘の研究は活性化する。地理学者の水田（水田，1972[5]，1974[6]，1984[7]）は，歴史地理学的な観点から荘園をとらえ，段丘地形と荘園絵図との関係に注目し，紀伊国の荘園を中心として調査し現地比定を行った。

中世史学では荘園絵図そのものを対象とする研究が増加する。鈴木（鈴木，1975）[8]は，日根氏の桛田荘寄進を示す大覚寺文書を偽文書として西岡説を否定し，四至牓示注文の記載内容などから，桛田荘の立券を元暦元年（1184）とした。神護寺と宝来山神社に残る桛田荘絵図は，立券に際して 2 枚作成し，堺相論などに対応するため本所と在地に保管したとする。

小山（小山，1979）[9]は，かつらぎ町史の編纂に関わって史料を収集し，中世村落と荘園絵図に関する桛田荘の研究を行った。2 枚の桛田荘絵図をめぐる論争に対して，彼は絵図の原本を詳細に調査し，宝来山神社本には牓示が 2 カ所しかなく，「桛田領」などと改竄されていることを指摘し，その作成時期を四至牓示注文と同じ延徳 3 年（1491）と推定した。さらに，小山（小山，

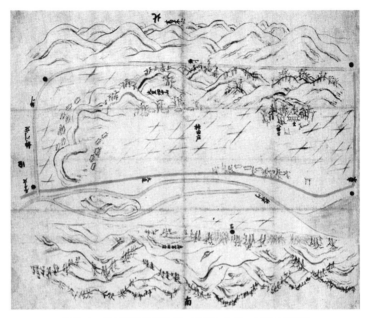

図 2-1 紀伊国桛田荘絵図（重要文化財，神護寺所蔵）

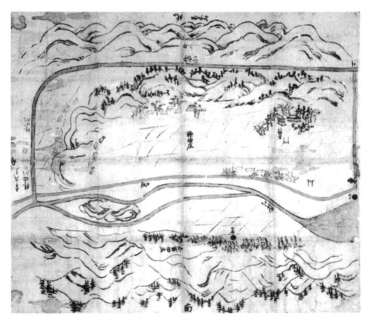

図 2-2 紀伊国桛田荘絵図（重要文化財，宝来山神社蔵）

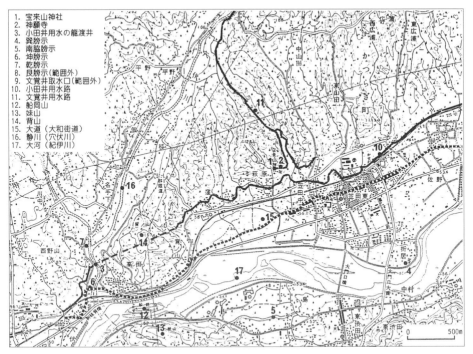

図 2-3　桛田荘の地域概念図

1988)[10] は典型的な四至牓示絵図,桛田荘絵図をテキストとして,領域型荘園の景観と相論について論じた。

　木村(木村,1985)[11] は,検田取帳を分析し,人名坪について,仮名(けみょう)の全部が一町単位と大規模であることだけで,有力在地領主による沖積低地の開発によるものと推定した。そして,現地調査もせず,桛田荘は沖積低地を開発し,その灌漑のため文覚井を開削したとする。また,荘園絵図と検田取帳を対比し,萩原・笠田地区には谷水・池水を利用した小規模中・下田と一町単位の不安定な氾濫原耕地が多いとした(木村,1987)[12]。桛田荘絵図の構図上の特徴として,窪・萩原地区南側の耕地を広く描くのは,「水田化されておらず開発途上の氾濫原までをも桛田荘領域として囲もうとする意図があった」とする。さらに,木村(木村,1997)[13] は,桛田荘域の窪・萩原遺跡において 1996 年末に

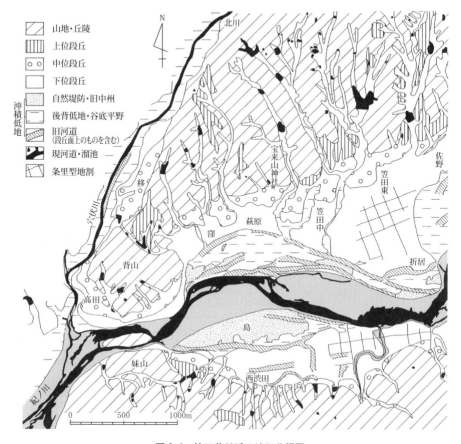

図 2-4　桛田荘付近の地形分類図

発見された石積護岸堤防を，紀ノ川の乱流から沖積低地の耕地を護るための施設と誤認し，中世の桛田荘成立期における河川敷の開発と強引に結び付けた。その結果，「一町単位の大規模な耕地は不安定な氾濫原耕地」とする，誤った木村説が研究者の間に広く浸透した。

　これに対して，筆者（額田，1997）[14)]は桛田荘域の地形分類図（図2-4）を作成し，沖積低地は耕地化が困難な遊水地にあたり，桛田荘絵図の耕地の大半は下位段丘面に位置することを明らかにした。そして，窪・萩原遺跡の発掘調

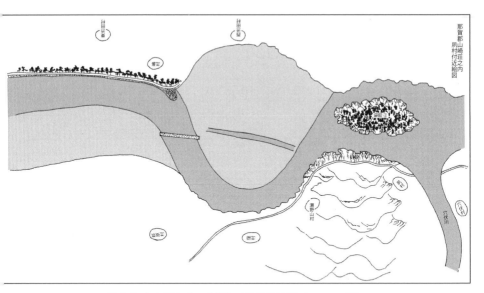

図 2-5 伊都郡加勢田荘紀伊川目論見絵図（トレース図）

査では 18 世紀中頃以前の水田跡が検出されず，沖積低地を遊水地とする筆者の考えと考古学の成果は合致した．文覚井は，灌漑地域からみて，桛田荘の中位・下位段丘面の耕地を安定的に灌漑するため開削されたと考えられる．

　服部（服部，1995）[15]は，水論・山論の近世史料を精査し，桛田荘絵図の成立を静川荘との堺相論と関連付けて読み解いた．そして，桛田荘と静川荘の相論は三筋半の道（山の用益権）と三筋半の溝（穴伏川の用水権）の交換によって決着したとする．

　筆者（額田，1998[16]，2001[17]，2004[18]）は，桛田荘域の近世絵図 3 鋪について報告した．伊都郡賀勢田荘内紀伊川瀬替目論見絵図（図 2-5）は，江戸時代に紀ノ川右岸の侵食を防ぐため，本流に堰堤を設け砂礫堆の中央に水路を開削して，紀ノ川の流れを南側に変えるため作成された計画図とした．しかし，実際には紀ノ川の流路を変えることはできなかったと思われる．

　伊都郡移村預所墨引絵図（図 2-6）は，「預所」の用水計画を示したもので，用水路と溜池を結んで桛田荘西部の安定的な灌漑システムの構築を目指してい

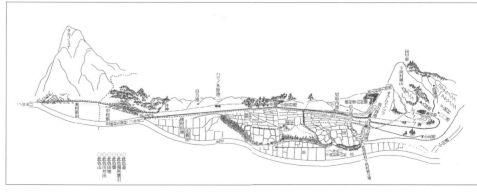

図 2-6　伊都郡移村預所墨引絵図（トレース図）

る。移村の耕地は中位および下位段丘面に立地し，その開発と用水の開削はほぼ同時に行われたとした。この絵図は，一ノ井・二ノ井・三ノ井の初見史料であるうえ，荘園の荘官が計画した中世の計画を伝える絵図の可能性があり，穴伏川水系の灌漑システムを考察する上で，重要な資料である。

また，筆者は穴伏川両岸の灌漑用水路を踏査し，慶安三年（1650）賀勢田荘絵図（図 2-7，以下，慶安絵図）の灌漑用水と段丘面の耕地分布との関係を考察した。右岸の用水路のうち 3 本は，江戸時代初期に断片的に分布する下位段丘面を新田開発する際に開削されたものと判断した。

黒田（黒田，1999）[19] は，検田取帳の定量的な分析を行い，それと関連付けて桛田荘絵図を読解した。そして，桛田荘絵図は穴伏川からの取水をめぐる静川荘との相論の際に牓示の正当性を主張するものとした。付記では，石積護岸堤防について「船津ないし船着場的な性格をも有しているのではないか」とし，筆者と一致する見解を示した。

前田（前田，1999）[20] は，渋田島村絵図と検注帳から中世の渋田・島地区の開発状況を明らかにした。桛田荘絵図は渋田荘との相論を意識した立券絵図・四至牓示絵図とし，四至牓示注文は延徳 3 年（1491）に作成された偽文書で，それに基づいて慶安絵図が作成され，宝来山神社本はこの時に改竄されたとした。そして，島村は近世に川舟を 8 艘保有し，中世にも河川交通の要衝であっ

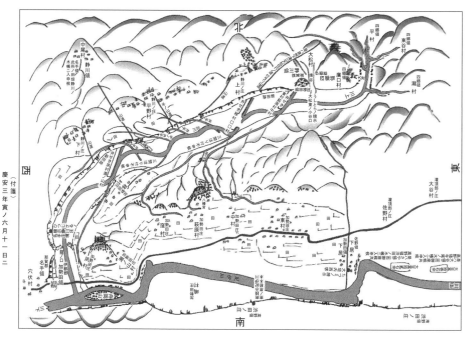

図 2-7 慶安三年賀勢田荘絵図（トレース図）

たとしている。

　高木（高木，2003）[21]は，文覚井の灌漑範囲を聞き取り調査し，二ノ井掛かりの窪地区は窮水時に一ノ井の配水を受けることができ，「かつては川を渡って字木戸口・東畑へと導水されていたことを窺わせる」とした。

　筆者（額田，2004）[22]は，石積護岸堤防の発見を契機に，紀ノ川上流域の堤防遺跡を調査し，堤防の位置区分等を行って堤防遺跡の立地環境を考察した。また，筆者ら（額田ほか，2004）[23]は文覚井などの穴伏川両岸の井堰と用水路の現況を調査して地形分類図を作成し，同流域における水利秩序の形成，耕地の立地環境を報告した（図 2-8）。

　検田取帳の地域区分について，前田（前田，2004[24]，2011[25]）は「どの水利系統に属しているかに指標を置くべき」として，慶安絵図に画かれる水路と受益村との関係から区分した。彼は，一ノ井掛かりの東村・中村・萩原村を桝田

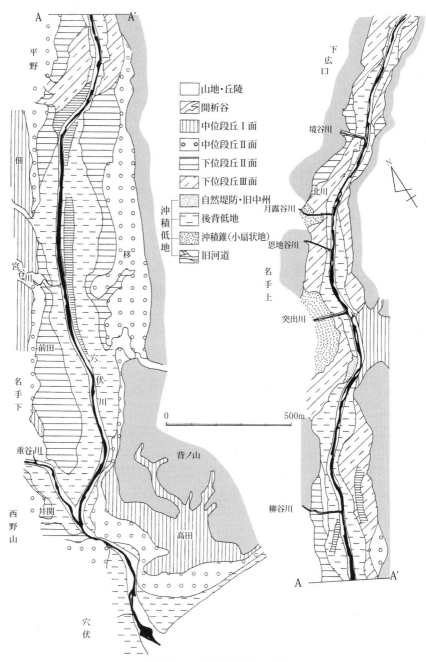

図 2-8 穴伏川流域地形分類図

地域，二ノ井掛かりの移村・窪村を静川地域とし，窪村を桛田地域ではなく静川地域に入れた。そして，文治元年（1185）に二ノ井は存在したが，一ノ井と三ノ井は開削されていなかったとした。

　海津（海津，2007）[26)] は，これまでの桛田荘研究における争点を整理した。①二枚の荘園絵図については，元暦元年（1184）神護寺本成立，延徳3年（1491）宝来山神社本成立，1650年以前の近世初頭宝来山神社本改竄という小山説を支持した。②文覚井の開削時期については，文治元年（1185）段階では二ノ井のみで一ノ井の成立を貞応2年（1223）とする小山新説を批判した。③検田取帳については，一町規模の人名坪が集中する開発地を笠田中〜萩原地区南側の沖積低地とする木村説を，この時期まで支持している。筆者は1997年の和歌山地方史研究会シンポジウムにおいて，条里型地割の分布地域は下位段丘面で，木村氏は2〜3mある段丘崖を見落としていることを指摘し，沖積低地とする木村説を否定したことは，前節で述べたとおりである。

　林（林，2011）[27)] は検田取帳によって立荘時の桛田荘の景観復原を行い，桛田地域の前欠部を窪村とした。林は，誰もなしえなかった検田取帳と小字図の対比を，地名等から手際よく行い現地比定したことは高く評価される。そして，一町規模の水田の位置を下位段丘面縁辺部の条里型地割の分布地域とした。また，穴伏川右岸の地名と用水路との関係から，「文治元年（1185）段階において穴伏川両岸の灌漑システムとそれを支える地域秩序の存在を想定」した。

　この研究成果を受けて，海津（海津，2011[28)]，2011[29)]）は桛田荘絵図や文覚井についての争点を再整理し，桛田荘の開発地を沖積低地とする木村説は成り立たないことをようやく認め，下位段丘面とする額田説に変更した。そして，彼は文治元年（1185）の「帳簿の作成時点（神護寺領立券段階）で西岸井堰・水路を含めた灌漑システムが形成されていることが明らか」とした。

　このように，桛田荘をめぐる諸問題について，研究が蓄積され成果が出つつあるが，地形学的にみた文覚井の灌漑地域と条里型地割の分布地域については，筆者以外の論稿は皆無であり，次節以下で考察したい。

III. 桛田荘付近の地形

桛田荘付近の地形は，山地・丘陵・河岸段丘・沖積低地に大きく分けられる（図2-4）。

山地　桛田荘の北側は内帯の和泉山脈であるのに対して，南側は外帯の紀伊山地最北端の龍門山地である。和泉山脈は，東西約60km，南北約10kmの地塁性山地である。その最高峰は岩湧山（898m）で，桛田荘北側の葛城山（866m）がこれに次ぐが，和泉山脈には際立って高い山地はなく定高性を示す。和泉山脈は，近畿トライアングルの南辺を構成し，約30万年前から急速化した六甲変動によって隆起して形成された。山頂部にはまだ侵食が及ばず，葛城山頂などには隆起準平原的な平坦面が認められる。

和泉山脈の地質は，大部分が中生代白亜紀に堆積した砂岩と泥岩との互層である和泉層群によって構成される。その南麓は，東西に連続するわが国最大の断層，中央構造線によって限られ，直線的な急崖となっている。

龍門山地の主な山頂は龍門山（757m），飯盛山（746m）などで，地質は三波川変成帯の緑色片岩・黒色片岩等で構成される。その原岩はジュラ期に堆積した泥岩・砂岩で，白亜紀前期〜後期に低温高圧型の変成作用を受けて形成されたものである。窪・萩原遺跡の発掘調査で検出された石積護岸堤防の緑色片岩は，龍門山地など外帯に由来する。

船岡山（57.3m）は背山と妹山の間にある残丘で，その地質は緑色片岩である。背山（167.5m）も緑色片岩で構成されるが，妹山（124.1m）は鮮新－更新統の菖蒲谷層（大阪層群下部相当）からなる丘陵で，頂部に平坦面がわずかに残っている。

丘陵　和泉山脈の南側には標高400m前後の丘陵があり，前山と呼ばれている。紀の川市の林ケ峯（はいがみね）集落は，丘陵の背面にあたる標高200m付近の平坦面に位置する。また，桛田荘絵図中央の紀伊川（紀ノ川）と支流の静川（穴伏川）に挟まれた山地状の地形表現は，標高100〜200mに背面がそろった笠田丘陵と頂部に平坦面が残る上位段丘面である。丘陵は，約250〜200万年前に堆積

した菖蒲谷層で構成される。丘陵を開析する谷には，小堂谷池など多数の溜池が分布する。

上位段丘　桛田荘付近の紀ノ川両岸には河岸段丘が発達する。丘陵状に侵食された上位段丘の頂部には平坦面が残っている。背山北東の移(うつり)では110m，窪・萩原の北側では130m，広浦では100～130mに南側へ緩く傾斜した地形面が分布する。桛田荘絵図の「大豆畑中山」は，こうした上位段丘の平坦面と考えられ，窪集落北側の果樹園（柿畑）となっている130m面が，それにあたると思われる。同面を構成する薄い砂礫層は，菖蒲谷層を覆い，丘陵の形成以前に堆積したものと考えられる。

中位段丘　中位段丘は，笠田丘陵から南流する小支流によって切断され，紀ノ川右岸の笠田東から窪にかけて，標高80～55mに断片的に分布する。同面は，背山付近では山麓を取り囲むように分布し，高田集落が立地する。桛田荘絵図に画かれる宝来山神社・神願寺は，中位段丘面に位置する。

慶安絵図からは，宝永4年（1707）の小田井開削以前の灌漑形態を知ることができる（図2-7）。同絵図の黄色で彩色された耕地は河岸段丘面にあたり，穴伏川から取水する用水群によって灌漑されている。文覚井は，紀ノ川右岸の中位および下位段丘面を灌漑するため開削された用水路と推定される。その下流で取水する二ノ井も同様に，移の河岸段丘面と丘陵を越えた窪の河岸段丘面に達する。三ノ井は，背山を反時計回りに半周して，その南麓の耕地を潤している。慶安絵図の用水路と現況とはほぼ一致する。

左岸では，龍門山地北麓の東渋田から西渋田にかけて，小規模な中位段丘面が分布する。

下位段丘　下位段丘は，紀ノ川右岸の佐野－笠田中－萩原付近の標高60～50mに分布し，南へは折居まで広がる。同面には，佐野から笠田中まで大和街道が通過する。また，小田井は，標高60mの等高線に沿って下位段丘面の最も高い所を流れ，その付近の同面を灌漑している（北沢，1993）[30]。萩原以西では，中位段丘面と同様に下位段丘面が背山山麓を取り巻くように分布する。

紀ノ川左岸では，東渋田－西渋田の標高60～55mに下位段丘面がかなり広く分布する。同面には集落が多くみられ，紀ノ川右岸では佐野・笠田東・笠田

中・萩原・窪が，左岸では東渋田と西渋田が立地する。移は，穴伏川左岸の中位段丘面から下位段丘面に展開する。

紀ノ川右岸の下位段丘面には，佐野から笠田中の JR 和歌山線付近から折居にかけて，左岸では東渋田付近に条里型地割が分布する。左岸の下位段丘面には，旧河道と浅い侵食谷が発達しており，その付近には条里型地割は残存しない。右岸の笠田条里区では阡陌が N22°W，左岸の渋田条里区では N10°W で，その規模はともに約 20 町である（中野，1989）[31]。

沖積低地 沖積低地は，紀ノ川の氾濫原にあたり，両岸の下位段丘の間に盆地状に発達する。船岡山付近は，紀ノ川両岸に山地がせまって氾濫原の幅が狭く，紀ノ川右岸に堤防が建設されるまで，増水時に湛水する不安定な土地条件であった。そこは遊水地の役割を果したと考えられ，沖積低地には左岸の島地区を除いて集落の立地はみられない。

沖積低地は，旧中州・自然堤防の微高地，後背低地，旧河道からなる。

旧河道はかつての流路跡の凹地で，その両岸とは若干の比高が認められるが，大部分は細粒堆積物で充填・埋積されている。その付近を空中写真で観察すると，数本の細長い凹地が連続する。主な旧河道は，ⓐ紀ノ川右岸の下位段丘崖下の北流路，ⓑ同大和街道南側の中流路，ⓒ紀ノ川左岸の下位段丘崖下の南流路の 3 本である。窪・萩原遺跡の発掘調査区域にかかる旧河道は，ⓑの中流路にあたる。

旧中州は，自然堤防と類似の形態を示すが，河道内に堆積した砂礫によって構成される微高地で，河道変遷により成長が停止したものを指す。紀ノ川上流域では，典型的な交互砂礫堆の河川地形がみられ，折居より下流には右岸と左岸に 1 つずつの砂礫堆が形成されている。流路跡は判然としないが，島地区の微高地は左岸の砂礫堆と連続し，旧中州状の微高地と考えられる。

自然堤防は，河川から溢流堆積して河岸に形成された微高地で，やや粗粒なシルト質砂からなる。窪・萩原遺跡の発掘調査区域では，ⓑ中流路の右岸，大和街道北側の耕地などが自然堤防にあたるが，その規模は小さい。

後背低地は，自然堤防等の背後に位置し，溢流堆積物のうち細粒なシルト〜砂が堆積して形成された低地である。

IV. 文覚井の形成過程

1. 文覚井とその灌漑地域

　文覚井は，神護寺の文覚上人が開削した中世の灌漑用水路である。文覚上人は，平安末期から鎌倉時代にかけて活躍した真言僧で，後白河上皇から桛田荘などの寄進を受けて神護寺を再興した。文覚井は平安末期の静川荘との堺相論の際には存在し（小山，1988）[32]，桛田荘絵図が作成された元暦元年（1184）にはあったと考えられるが，同絵図には文覚井が画かれていない。

　文覚井を最初に画く絵図は慶安絵図（図2-7）で，用水は北川（穴伏川）に井堰を設けて取水し，その両岸と紀伊川右岸の河岸段丘面の耕地を灌漑している。絵図には穴伏川の右岸と左岸へそれぞれ4本ずつの用水路が画かれている。文覚井は，最上流の左岸から取水し，丘陵を超えて二筋に分かれ，一筋は宝来山神社の社殿裏をとおって萩原村へ，もう一筋は中村・東村へ流れ，紀ノ川の河岸段丘面に広がる耕地を灌漑している。そのほか穴伏川左岸には二ノ井・小井・三ノ井が画かれ，移村・窪村・夙村・背ノ山村の耕地を潤している（図2-8）。集落と耕地の大半は段丘面に分布し，紀ノ川沿いの氾濫原には耕地がほとんど画かれていない。

　慶安絵図には穴伏川沿いの段丘崖のほかに段丘の地形表現はないが，桛田荘と静川荘の主な集落および「田」と記載され，黄土色に彩色された耕地の部分が段丘面にあたる。耕地にはL字型の記号を伴い，段丘面の傾斜あるいは耕地の区画を表わしている。

　図2-9は，各地形面と文覚井用水路の傾斜を示した，紀ノ川・穴伏川沿いの地形縦断面図で，以下の特徴が読み取れる。①紀ノ川は河床勾配が約650分の1と緩やかな河川で，流域の沖積低地や河岸段丘面の傾斜もほぼ同程度の傾斜である。②集落の立地する下位段丘面は，紀ノ川の河床から6〜7m高く，沖積低地から2〜3mの比高のあることがわかる。③穴伏川は紀ノ川との合流点付近では緩やかであるが，そこから1〜3km上流では約50分の1と急傾斜になり，それより上流ではさらに急傾斜となっている。穴伏川沿いの沖積低地や

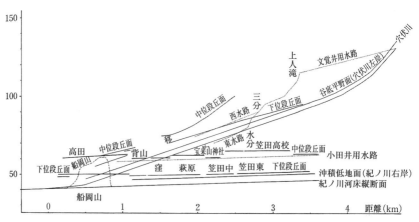

図 2-9　桂田荘付近における紀ノ川・穴伏川沿いの地形縦断面図

河岸段丘面の傾斜もそれと同様に急傾斜である。④下位段丘面は，穴伏川河床から 3～8m 高く，沖積低地から 1～5m の比高がある。比高は下流側ほど大きいが，移橋付近では約 1m となり，それより上流には下位段丘面が分布しない。

⑤文覚井は，かつらぎ町笠田東字北川の標高約 130m において穴伏川左岸から取水している。水路はそこからほぼ等高線に沿って急崖を走り，同町萩原字湯神の標高約 115m の丘陵鞍部まで約 80 分の 1 の緩傾斜で流れ，上人滝で紀ノ川支流の風呂谷川水系へ入る。風呂谷川は三分（みわけ）で萩原・窪地区の中位・下位段丘面を灌漑する西水路を分派し，水分（みわけ）（水分原）で笠田中・笠田東地区の中位・下位段丘面を灌漑する東水路を分派している。

⑥宝永 7 年（1707）に開削された小田井は，約 600 分の 1 の勾配で中位段丘崖の標高 60m 等高線にほぼ沿って流れ，笠田東から窪にかけての下位段丘面を灌漑している。

このように，桂田荘の耕地はそのほとんどが穴伏川からの用水によって灌漑されていることがわかる。

河床勾配の緩い紀ノ川から取水するには橋本市高野口町小田で取水する小田井のように，かなり上流から用水路を開削しなければならないが，当時，桂田

図 2-10　窪・萩原遺跡石積護岸堤防写真（額田撮影）

荘の東隣は高野山領官省符荘であったため，自領内で用水を確保する必要があった．文覚井は，穴伏川から丘陵を越える用水路を引いて，桛田荘の河岸段丘面の耕地を灌漑し，耕地経営を安定化するため開削されたと考えられる．

文覚井を開削するには，取水口・丘陵鞍部の測量や丘陵を越すための等高線に沿う水路の掘削などが必要で，かなり高度な測量・土木技術を保持していたと推測される．

用水の灌漑地域と段丘地形とがよく対応することは，日根荘の段丘面と開発時期の関係とよく似ている（額田・古田，1994）[33]．段丘面の開発には灌漑用水の確保が不可欠であるため，新田開発と用水の開削はセットで行われたと考えられる．

2. 条里型地割と地形面

条里型地割は，大化の改新後の班田収授法に基づき施工された計画的な土地区画と類似する，一町四方の方格地割のことである．2万分の1空中写真（1963年，国土地理院撮影）から判読できる条里型地割を地形分類図に重ねると，条

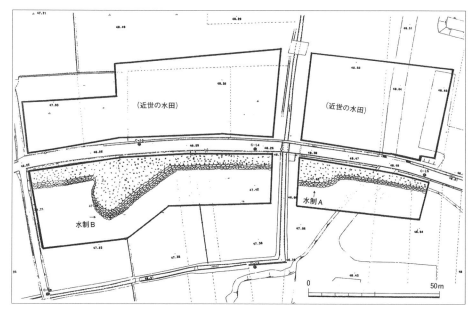

図 2-11 栫田荘石積護岸堤防概略図（和歌山県文化財センター，2000 より転載）

　里型地割は紀ノ川右岸では佐野－笠田中－折居の下位段丘面と，左岸では東渋田付近の下位段丘面にだけみられることがわかる（図 2-4）。
　その分布は下位段丘面に限られ，同面でも旧河道や浅い侵食谷の部分には残存しない。その方位は紀ノ川右岸の笠田条里区では N22°（度）W，左岸の渋田条里区では N10°（度）W と異なるが，その規模はともに約 20 町という（中野，1989）[34]。
　そこは古代から安定した耕地とされてきたが，その付近は段丘面のため紀ノ川から用水を直接引くことができず，古代から耕地化されていたとは考えにくいうえ，中世に開削された文覚井の灌漑地域にあたっている。
　栫田荘絵図の井桁で示される耕地について，中世史学の木村（木村，1987）[35] は島畠と同じ沖積低地にあり，そこを中世栫田荘の開発地とした。しかし，筆者は地形環境の分析によって島畠が沖積低地，井桁の耕地が条里型地割の分布する下位段丘面にあたるとし，木村（木村，1997）[36] は河岸段

丘と沖積低地の間にある2〜3mの段丘崖を見落としていることを指摘した（額田，1997）[37]。

一方，紀ノ川右岸の沖積低地には文覚井の灌漑地域がほとんどなく，窪・萩原遺跡で検出された大和街道北側の耕地を江戸時代中期の開発とする発掘調査の成果とも調和する（和歌山県文化財センター，2000）[38]。また，検田取帳を検討した，林（林，2011）[39]による地名分析によって，一町規模の人名坪は下位段丘縁辺部に分布するという結果とも一致する。したがって，桛田荘の開発は穴伏川から取水して丘陵を超える文覚井を開削し，紀ノ川右岸の河岸段丘面を耕地化するものであったと考えられる。

3. 文覚井の開削時期

文覚井の開削時期については，静川地域の上田比率が42.3％と高く，二ノ井よる河川灌漑が行われていたが，桛田地域は谷水・池水灌漑のため下田比率が84.4％と高く，文覚井は未成立とする黒田説（黒田，1999）[40]が有力であった（表2-1）。しかし，林（林，2011）[41]は，文治元年（1185）の検田取帳の分析によって，窪村の田地が静川地域に存在しないことを明らかにし，桛田地域の前欠部を窪村と推定した。そして，検注はその記載順から紀ノ川の河岸段丘面を西から東へ進んだと考え，1町規模の人名坪の水田を笠田東の下位段丘面に比定し，立券段階において文覚井を含む穴伏川の灌漑システムが存在したとする。

筆者は，①一ノ井は穴伏川流域のなかで絶対的な強い水利権を持つこと，②用水は上流で取水する方が有利なため，以前からある用水の受益地域は後から他地域がその上流で取水することを認めないことから，文覚井は立荘時に成立していたと考える。

米作りにとって用水の確保は死活問題で，降水量のやや少ない紀ノ川流域では，すぐ下流の高野山領名手荘と粉河領丹生屋村の用水・堺相論が200年以上も続いたことをみても明らかである（那賀町，1981）[42]。貞応2年（1223）頃には，特に用水絡みと思われる桛田荘と静川荘の堺相論が起きており（小山，1988）[43]，中世後期まで文覚井がなかったとすれば，静川荘は桛田荘と対等に水利権を主張し，強い水利権を持つ一ノ井を新たに上流で掘削することはでき

表 2-1 各地域の上田・中田・下田比率

	上田面積	比率(%)	中田面積	比率(%)	下田面積	比率(%)	総田面積	比率(%)
桛田	17反53	4.7	40反58	10.9	315反17	84.4	373反28	59.7
川南	0反	0.0	24反97	100.0	0反	0.0	24反97	4.0
川北	4反8	21.4	2反	9.6	13反3	68.1	19反11	3.1
静川	88反18	42.3	21反85	10.5	98反27	47.2	208反30	33.3
合計	109反78	17.5	89反40	14.3	426反48	68.2	625反66	100.0

黒田（2000）より作成.

なかったはずである．したがって，最上流で取水する一ノ井が先に開削されていたと推定され，筆者は一ノ井・二ノ井・三ノ井の順，または一ノ井と二ノ井は立券段階のほぼ同時期に掘削されたと考える．

次に，一ノ井は風呂谷川上流の萩原字三分で西水路を，少し下流の笠田中字水分（水分原）で東水路を分派している．そして，西水路は神願寺・宝来山神社の境内裏から萩原村へ，東水路は笠田中・笠田東を流れ上井・下井に分かれる（前田，2011）[44]．西水路の方が東水路より上流で取水し，在地の荘園管理者宝来山神社の境内を通っている．これは，和泉国日根野村の井川用水が大井関神社の神宮寺慈眼院の建物の下を通るのと類似する（額田ほか，1994）[45]．

慶安絵図に画かれる西水路は，宝来山神社の西側で2本に分かれ，萩原村と窪村方面へ流れるようにみえる．検田取帳では静川地区の上田比率が著しく高い（表2-1）．窪村も二ノ井掛かりとすれば立荘時の上田比率が高いはずであるが，検田取帳の桛田地域の前欠部が窪村であるため，それを知ることはできない．

高木（高木，2003）[46]は窪地区が窮水時に一ノ井の配水を受けることができたとしており，筆者は検田取帳の桛田地域の前欠部が窪村であること，一ノ井の水路形態及び地形の連続性からみて，窪村は当初一ノ井掛かりであったと推定する．

二ノ井は，移井とも呼ばれ，地形的に用水が乏しかった移村の中位段丘面を灌漑するため，立荘時に開削されたと思われる．移村は，耕地面積が20町余と狭く，二ノ井の開削によって用水が十分に行き渡り，上田比率が高いと考え

られる。これに対して，一ノ井の灌漑面積は検田取帳の桛田地域分だけで37町余とかなり広く，実際にはさらに未開発地が広がっており，段丘面の末端まで用水が行き渡らなかったと思われる。

宝永4年（1707）に小田井用水が開削され，新田開発が盛んに行われた結果，明治9年（1876）の笠田東村の耕地面積は80町余に増大している（前田，2011）[47]。桛田地域の下田比率からは，広い耕地面積に対して一ノ井の水を配分した結果，面積当たりの受水量が少なく収穫が上がらない状況が読み取れる。

慶安絵図には二ノ井と三ノ井の間に穴伏川から取水する小井が画かれる。上流から3番目の用水路は，黄色で彩色された段丘面に達し，移村の耕地を灌漑している。移村は，用水量に余裕がある時に，字水越で丘陵の鞍部を越えて小堂谷池に二ノ井の用水を回し，窪村へ分けることができた。このことが後に窪村を一ノ井から二ノ井掛かりに変更することを可能にしたのではないか。二ノ井は，現在も農閑期にも通水し小堂谷池に貯水している（海津ほか，2011）[48]。一ノ井の灌漑面積から窪村分が減り，溜池と用水路を連繋するなど中世後期に一ノ井系統の灌漑システムが再構築されたとすると，東村の広い段丘面へ一ノ井の用水を多く配水することが可能となり，前田（前田，2004[49]，2011[50]）のいう是吉による笠田東の開発に繋がったのではないだろうか。穴伏川左岸の灌漑システムを神護寺領用水として一体的なものと考えれば，用水の灌漑地域の変更も可能であろう。高木（高木，2003）[51]の指摘した窮水時における一ノ井の窪地区への配水はその補償と思われる。

V．おわりに

各事項について，筆者の考えをまとめ，おわりにかえたい。

①桛田荘絵図の作成目的とその時期については，鈴木（鈴木，1975）[52]，小山（小山，1979）[53]のいう元暦元年（1184）の立券時に作成された絵図で四至牓示絵図と考えられる。

②紀ノ川の流路変遷については，旧河道が3本あるうち，南流路が長寛2年（1164）の時点での「大河当時流」，中流路が久安2年（1146）の時点での「古

河」・「大河古流」(海津 1997)である。北流路は,史料上では時期がわからないが,それ以前と考えられ,古代南海道成立ごろの河道の可能性がある。

③桛田荘を通過する南海道の位置について,『紀伊続風土記』萩原村の項に「古道は村中宝来山明神の社前を過ぎて兄山の北の方を越えたり」とあり,初期萩原駅(〜811年)周辺の駅路として背山北側を通るルートが想定される。しかし,桛田荘絵図では背山と紀ノ川の間を通過して名手荘に至っており,12世紀後半には「大道」が背山の南側を通るルートに変わっていたと考えらえる。その原因は紀ノ川の河道変遷が想定されるが,それについては稿を改めて述べたい。

④桛田荘の開発地については,筆者が1997年の和歌山地方史研究会シンポジウム(額田,1997)[54]において,桛田(かせだ)荘の地形と開発地の関係について,一町規模の条里型地割の分布地域は下位段丘面にあり,木村氏は2〜3mある段丘崖を見落としていることを指摘した。沖積低地が荘園の基盤であったとする木村説を否定した説が正しかったことは,その後,林(林,2011)[55]によっても裏付けられた。彼は文治元年(1185)の検田取帳の現地比定を行い,一町規模の水田が下位段丘縁辺部に位置することを明らかにし,紀ノ川河川敷・氾濫原に桛田荘の水田・耕地が存在しないことを立証した。これによって沖積低地を開発地とするという木村説(木村,1985)[56]は完全に否定された。そして,本研究では桛田荘の耕地が中位・下位段丘面に位置し,一町規模の水田は条里型地割の分布する下位段丘面の再開発と関係すると考えた。

⑤文覚井の開削時期については,二ノ井の河川灌漑によって静川地区の上田比率が高く,桛田地域の下田比率が高いことから文治元年(1185)段階で一ノ井を未成立とする黒田説(黒田,1999)[57]と,反対に文治元年段階で一ノ井を含む穴伏川水系灌漑システムの原型が成立していたとみる海津説(海津,2007)[58]がある。本研究では,文覚井は立荘時に成立していたが,現在の水路形態ではなく,西水路が先行して開削され,当初は萩原・窪地区を灌漑していたと考えた。その後,移井(二ノ井)の窪村への分水によって灌漑地域区分が変更され,一ノ井(文覚井)は東村・萩原村・中村,二ノ井は移村・窪村が受益地になったと考えられる。

穴伏川流域の灌漑システムについては,右岸は氾濫原のみで,中世段階では

左岸に比して整備が遅れていたことが桛田荘の水利権・境界の優位性となっており，桛田荘絵図やその牓示は当時の状況を示していると考える。

中世初頭の和歌山平野南部の大規模な干拓（額田，2013）[59]，丘陵を超える文覚井の開削，複数の用水路と溜池を連絡する穴伏川灌漑システムの構築など，紀ノ川流域には中世に高度な測量・土木技術が存在したことは明らかであろう。これらは，近世に隆盛した紀州流土木工法に直接繋がるものかどうかわからないが，紀州流は突然に誕生したのではなく，その源流が少なくとも中世初頭に芽生えていたと思われる。

文覚井・二ノ井の分水について，2段階をへて現況になったとする新説を本稿で提示したが，まだ仮説段階である。ご批判いただければ幸いである。

[注]
1) 額田雅裕「桛田荘の立地に関する地形地理学的検討」，和歌山地方史研究33，1997，39-55頁．シンポジウムの発表については，特集「桛田荘をめぐる諸問題」，和歌山地方史研究33，1997，1-78頁に報告されている．
2) 木村茂光「荘園四至牓示図ノート（I）－紀伊国桛田荘絵図を中心に」，東京学芸大学紀要第三部門社会科学37，1985，209-231頁．
3) 和歌山県文化財センター「窪・萩原遺跡（桛田荘）現地説明会資料」，1997．
4) 西岡虎之助「神護寺領荘園の成立と統制」，史学研究3-1，1931（のち『荘園史の研究 下巻1』岩波書店，1956，179-224頁に再録）．
5) 水田義一「台地上に位置する庄園村落の歴史地理学的考察」，史林55-2，1972，103-130頁．
6) 水田義一「中世庄園絵図の検討」，人文地理26-2，1974，65-88頁．
7) 水田義一「紀州の中世庄園図－その地図学史的考察」，紀州経済史文化史研究所紀要4，1984，1-17頁．
8) 鈴木茂男「紀伊国桛田庄絵図考」，東京大学史料編纂所報9，1975，1-17頁．
9) 小山靖憲「桛田庄絵図と堺相論」，（渡辺広先生退官記念会編『和歌山の歴史と教育』，1979，所収），27-48頁．
10) 小山靖憲「紀伊国桛田荘絵図の変遷」，（葛川絵図研究会編『絵図のコスモロジー 上』地人書房，1988，所収），113-132頁．
11) 前掲2)．
12) 木村茂光「荘園の四至と牓示」，（小山靖憲・佐藤和彦編『絵図に見る荘園の世界』東京大学出版会，1987，所収），13-28頁．

13) 木村茂光「紀伊国桛田荘の沖積地開発と石積み遺構」, 和歌山地方史研究 33, 1997, 14-24 頁.
14) 前掲 1).
15) 服部英雄「紀伊国桛田庄絵図の受難」,（国立歴史民俗博物館編『描かれた荘園の世界』新人物往来社, 1995, 所収）, 197-269 頁.
16) 額田雅裕「伊都郡加勢田荘内紀伊川瀬替目論見絵図の記載内容について」, 和歌山地方史研究 35, 1998, 41-50 頁.
17) 額田雅裕「伊都郡移村預所墨引絵図について」, 和歌山市立博物館研究紀要 15, 2001, 1-14 頁.
18) 額田雅裕「慶安三年賀勢田荘絵図に画かれる灌漑用水と耕地の立地環境」, 和歌山市立博物館研究紀要 18, 2004, 56-68 頁.
19) 黒田日出男「境界と水利－紀伊国桛田荘絵図を読む－」,（黒田日出男『NHK 人間大学　謎解き日本史・絵画史料を読む』日本放送出版会, 1999, 所収）, 43-59 頁（のち「荘園絵図と牓示」, 同『中世荘園絵図の解釈学』東京大学出版会, 2000, 123-151 頁に再録）.
20) 前田正明「『紀伊国桛田荘絵図』に描かれた「島」の領有問題－中世から近世にかけての渋田・島地域の歴史－」, 和歌山県立博物館研究紀要 4, 1999, 1-22 頁.
21) 高木徳郎「文覚井－桛田荘の水利と景観」,（『紀の川流域荘園詳細分布調査報告書Ⅱ官省符荘現況調査高野枡をつくらせた荘園』, 和歌山県教育委員会, 2003, 所収）, 154-160 頁.
22) 額田雅裕「紀ノ川上流域における堤防遺跡の地形環境」,（伊達宗泰先生喜寿記念論集『地域と古文化』, 同刊行会, 2004, 所収）, 292-301 頁.
23) 額田雅裕・前田正明・海津一朗「文覚井と穴伏川流域用水群」,（『紀の川流域荘園詳細分布調査報告書Ⅲ　紀伊国名手荘・静川荘地域総合調査』, 和歌山県教育委員会, 2004, 所収）, 136-156 頁.
24) 前田正明「紀伊国桛田荘文覚井考」, 高橋啓先生退官記念論集『地域社会史への試み』原田印刷出版, 2004, 137-158 頁.
25) 前田正明「紀伊国桛田荘文覚井再考」,（海津一朗編『紀伊国桛田荘』同成社, 2011, 所収）, 79-106 頁.
26) 海津一朗「紀伊国桛田荘の開発と文覚井をめぐる論争について」, 歴史評論 687, 2007, 43-57 頁.
27) 林　晃平「文治検田取帳桛田荘の基礎的研究」,（海津一朗編『紀伊国桛田荘』同成社, 2011, 所収）, 117-150 頁.
28) 海津一朗「はじめに－荘園制の史料学史としての桛田荘－」,（海津一朗編『紀伊国桛田荘』同成社, 2011, 所収）, 14 頁.
29) 海津一朗「桛田荘の開発と文覚井をめぐる論争について」,（海津一朗編『紀伊

国桛田荘』同成社，2011，所収)，107-116 頁．
30) 北沢　斉「小田井用水路水系図」，(大畑才蔵全集編さん委員会編『大畑才蔵』，橋本市，1993，所収).
31) 中野榮治『紀伊国の条里制』古今書院，1989，55-70 頁．
32) 前掲 10).
33) 額田雅裕・古田　昇「泉佐野平野の地形とその変化－天和 3 年日根野村上之郷村川論絵図と完新世段丘－」，和歌山地理 14，1994，31-44 頁．
34) 前掲 31).
35) 前掲 12).
36) 前掲 13).
37) 前掲 1).
38) (財) 和歌山県文化財センター編『桛田荘 (窪・萩原遺跡) －紀ノ川流域下水道伊都浄化センター建設に伴う発掘調査報告書－』，2000，1-83 頁．
39) 前掲 27).
40) 前掲 19).
41) 前掲 27).
42) 那賀町『那賀町史』，1981，90-122 頁．
43) 前掲 10).
44) 前掲 25).
45) 前掲 33).
46) 前掲 21).
47) 前掲 25).
48) 海津一朗・高木徳郎・額田雅裕「穴伏川流域用水群と文覚井」，(海津一朗編『紀伊国桛田荘』同成社，2011，所収)，47-77 頁．
49) 前掲 24).
50) 前掲 25).
51) 前掲 21).
52) 前掲 8).
53) 前掲 9).
54) 前掲 1).
55) 前掲 27).
56) 前掲 2).
57) 前掲 19).
58) 前掲 26).
59) 額田雅裕「和歌山平野南部の地形と土地開発」，和歌山市立博物館研究紀要 28，2013，81-91 頁．

第3章 近世前期の鉄穴(かんな)流しによる地形改変と耕地開発

徳安浩明

I. はじめに

「俺たちの稼業は山を削るし,木を伐るからな。山の主が怒ってな。」

これは宮崎駿によるスタジオジブリの長編アニメーション映画,『もののけ姫』の中での会話である。"不朽の名作"というべきか,1997年の公開から20年ほど経つものの,今なお多くの人がこのアニメを観ている。森から砂鉄や木炭を収奪する人間と,森の神々とのはげしい対立が描かれる。冒頭の会話は,たたら(鑪)製鉄に関わる労働者が,この対立に巻き込まれた主人公のアシタカに話したものである。

アシタカは,森を守ろうとするサン(もののけ姫)とともに,人間と森の神々との対立を収めようと奮闘努力する。その中で,アシタカは,たたらの頭領であるエボシ御前にむかって叫ぶ。

「森とたたら場,双方生きる道はないのか!?」

自然と人間の関係について考えることは,アニメの世界でも学問の世界でもたいへん魅力あるテーマといえよう。

さて,史実に戻すと,砂鉄を採るために「山を削る」工程が,本章で扱う鉄穴(かんな)流しである。たたら製鉄の原料である砂鉄の多くは,花崗岩類の風化土を採掘し,比重の違いを利用して流水中に沈殿させることによって採取された。この鉄穴流しに関する一般的な説明は,数段の水路状をなす板敷きの比重選鉱

第 3 章　近世前期の鉄穴流しによる地形改変と耕地開発　39

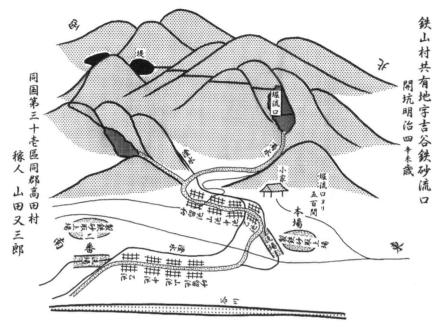

図 3-1　明治前期の鉄穴流し（吉谷鉄砂流口）
（明治14年ごろ「岡山縣下美作國第三十壱區第三十二區真島
郡之内借區開坑銕砂流ハ口幷ニ鑪鞴鍛冶屋圖面」より作成）

設備（洗い樋・精洗池）を用いた流し掘り法であり，近世初頭，あるいはそれ
以前から行われていた，となっている。その様子を明治前期の絵図（図3-1）
からみると，岡山県中央部を南流する旭川水系の鉄山川流域には，「吉谷鉄砂
流口」があった。美作国真島郡鉄山村吉谷（現・真庭市鉄山の吉谷地区）にあっ
たこの砂鉄採取地点には，地形改変の対象となる2カ所の「堀流口」があり，
掘り崩された土砂をふくむ「濁水」はまず「本場」へ導かれた。北側の「堀流
口」と「本場」の距離は，「五百間」（約 909m）と記されている。本場では「山
池」，「中池」，「乙池」の順に比重選鉱作業がくり返され，「洗場」にて砂鉄が
採取された。これらの各洗い樋の下流側には，せき止める砂の量を調節する堰
（図3-2）があったとみられる。さらに，同様の比重選鉱作業は，「二番」にお
いても繰り返された。

図3-2 洗い樋における比重選鉱作業（1995年8月德安撮影）
島根県仁多郡横田町（現・奥出雲町）羽内谷での鉄穴流し実演操業の様子である．
洗い樋型鉄穴流しでは，数段の水路状をなす板敷きの洗い樋（精洗池）の下流
側に，写真のような堰が設けられ，その開閉には左下にみえるクダ板を用いた．

　この鉄穴流しに関する研究課題は多岐にわたり，まず，鉄穴流しによって採取される砂鉄の量は，採掘された花崗岩類の土砂量に対してごくわずかであった．このため，鉄穴流しは大規模な地形改変を引き起こし，河川に廃棄された大量の廃土は下流地域にさまざまな影響をもたらした．その反面，鉄穴流しによって風化土を採掘された鉄穴跡地や，比重選鉱後の廃土の堆積地は，新田開発の対象になることもあった．さらに，下流域に流出した廃土は，平野の拡大に関与し，新田開発や干拓地の造成にも貢献した．

　以上のように，鉄穴流しは，前近代の資源利用が地形環境を大規模に改変し，社会に功と罪をもたらした事例であり，自然と人間の関係を考察する地理学にとって格好の研究対象となるものである．そして，両者の関係を考察する地理学においてこそ，その多様な研究課題を克服できると考えている．

　中国地方の鉄穴流しについて，德安（德安，1999[1]；2004[2]）はその研究史をまとめ，作業工程や設備，開始時期などといった基本的な事項について検討の余地があるとした．そして，洗い樋を用いる山砂鉄採取の工程を「洗い樋型鉄穴流し」と呼び，その普及期を18世紀後半ごろとした．さらに，地形改変の方法と，比重選鉱後の廃土の堆積地における流し込み田の造成についても，

従来とは異なる見解を示した。しかし，その後，鉄穴流しに関する研究が停滞したこともあって，筆者の見解に対する是非はほとんど議論されていない。

そのような中，2013年には，島根県仁多郡奥出雲町の鉄穴流しに関わって生まれた棚田景観が「奥出雲たたら製鉄及び棚田の文化的景観」として国の重要文化的景観に選定された。その際，鉄穴流しと耕地開発との関係に関する検討が学際的に深められたものの，「流し込み田」の性格については依然として不明確な部分がみられる。

そこで，本章では，鉄穴流しの作業工程と設備について，中国地方の近世史料の検討から得た筆者の見解を，東北地方の近世史料にもとづいて検証する。そして，未解明の部分の多い，近世前期の鉄穴流しによる地形改変とその跡地の特色について論じた上で，鉄穴流しと耕地開発の関係に関する従来の一般的見解に修正を求める。

II．東北地方の近世史料からみた鉄穴流し

1. 比重選鉱の方法と技術変化

近世の中国地方で確立された製鉄技術は，日本各地へ伝播し，平準化を促したとされている（河瀬，2003）[3]。東北地方の砂鉄採取に関する史料は，鉄穴流しの技術をどのように記しているのであろうか（表3-1）。

秋田藩の鉱山業に関する元禄4年（1691）の『鉱山至宝要録』には，「濱川原などに交りて鐵砂有るを砂共に取り，板に取て，石・砂をばゆり流し，鐵砂計溜，床にて吹くなり。」とある。この記述は，川砂鉄や浜砂鉄の採取方法を説明したと理解される。しかし，その冒頭には「鐵は山にもあり」とあるので，山砂鉄の存在を認めた上で，川底の土砂を板にとり，流水による比重選鉱を行っていたとみられる。次に，寛政10年（1798）に刊行された仙台藩の『封内土産考』には「水の便り有る山の中腹に溝を堀り，是に流を入て頻りに穿鑿し，土砂の先流れて砂鉄は沈み滞る。是を取て能々土砂を洗ひ去る事なり。」とある。この記述からは，風化土に直接溝を掘り，そこに導いた流水の中において比重選鉱がなされていたことがわかる。そして，東北地方の砂鉄採取に関するとみ

表 3-1　東北地方の史料からみた鉄穴流しの方法と設備

記述時期	作業・設備の状況	注
元禄4年 (1691)	鐵は山にもあり，又濱川原などに交りて鐵砂有るを砂共に取り，板に取て，石・砂をばゆり流し，鐵砂計溜，床にて吹くなり．	①
寛政10年 (1798)	鉄を吹く所を銅屋と云．先づ砂鉄を取る法．水の便り有る山の中腹に溝を堀り，是に流を入て頻りに穿鑿し，土砂の先流れて砂鉄は沈み滞る．是を取て能々土砂を洗ひ去る事なり．	②
文政3年 (1820)	「鉄口」の項：「磨場所池，幅二尺　長さ上壱番五間　中弐番四間　下三番三間」「磨船　幅壱尺五寸長さ壱丈三尺　外に頭に横座板弐尺　うすくてもよし」	③
文政10年 (1827)	凡そ鉄を採るには，鐵砂の多き山の下にて流河のある所を撰び，其山の土砂を其流河に崩し入れ，急流にて洗ふときは，土は皆流れ去りて，鉄砂のみ水底に遺る者なり，其残りたる鐵砂を笊籠を以て抄採り，流水に投じて二三遍も淘汰し洗ひ浄めて，而して此を蓆嚢の類に入れ，此を鞴場に積聚めて，以て鼓鞴る用に供ふるなり．	④
嘉永7年 (1854)	鉄砂のある所ヲ見るに，その邊白き砂にて，眼に鉄砂なる事見得されとも，是を流れ水に入れ，其加減を取て樋に流し時ハ，自然鉄砂ハ沈ミて，只の白き砂之分ハ流れる也．(中略)切流しを懸たる水，田に入れハ稲の為よろしからざる為，用水になるべき澤等へハ，其所田地の差支ヲいふて鉄砂を掘らせぬと也．	⑤
不明 天明7年?	山ニ而洗砂ハ川上，土を能々洗な可して松葉ニ而土をとめわ土（上土）のにこりを去りて砂を洗なり．	⑥
1845年ごろの見聞を後述	砂鐵のある場所より遥かの川上高き所に堰を設け，鐵山の半腹に溝を鑿ちこれに上記の堰止めたる水を数里若しくは数丁の所より導きて，其水力に依りて山を洗ひ流す時は，其水泥と混和して其量を増し，水力益々加はりて山の裳を拂ひ，東京愛宕山の如きすら数十日間に形を失はしむに至るべし．而して穏かなる場所を撰擇して更に一の堰を構へ，番人その水上を鞭ち砂鐵の沈殿溜たまるに従ひて堰を高くす．然る時土は泥と爲りて堰を越へて流下し，砂鐵は堰の爲めに遮られ降沈す．其降沈せるものを採て清水にて洗滌し，磁石を觸るるに八歩の割合を以て之に密着するを最も成績良好なるものとす．	⑦

注：①黒澤元重『鉱山至宝要録』，1691，(三枝博音編『復刻　日本科学古典全書5』朝日新聞社，1978)，101頁．②里見藤右衛門『封内土産考』，1798，(鈴木省三編『仙台叢書　第三巻』仙台叢書刊行会，1923)，434頁．③早野貫平『萬帳』，1820，(渡辺信夫・荻慎一郎・築島順公編「陸中国下閉伊郡岩泉村早野家文書（上）」，東北大学日本文化研究所研究報告別巻22，1985)，144-145頁．④佐藤信淵『経済要録』，1827，(瀧本誠一編『復刻版・佐藤信淵家学全集　上巻』岩波書店，1992)，731頁．⑤平船圭子校訂『三閉伊日記』岩手古文書学会，1988，3頁．⑥不明「製鉄法秘書」，(金属博物館編『宮城県関係近世製鉄史料集Ⅱ』金属博物館，1980)，14頁．⑦大野太衛編『高島翁言行録』東京堂，1908，30-31頁．

図 3-3　宝暦 4 年（1754）『日本山海名物図会』所収の「鉄山の絵」
（平瀬徹斎撰・長谷川光信画，名著刊行会，1969 年複製，46-47 頁より）

られる文政 10 年（1827）『経済要録』には，水底に「殘りたる鐵砂を笊籠を以て抄採り，流水に投じて二三遍も淘汰し洗ひ浄め」るとある．さらに，天明 7 年（1787）成立との見解もあるものの，その年代は判然としていない「製鉄法秘書」では，山砂鉄を採取する際には「松葉」に土を止めて濁りを流し，砂を洗うと説明されている．

　これらの 4 つの記述からは，比重選鉱に洗い樋を用いている様子はうかがえない．中国地方の宝暦 4 年（1754）における鉄穴流しを描いた『日本山海名物図会』には，「鉄ハ掘出したる土ながらに水にながして鉄を取ルなり．あさき流川にむしろをしき，その上へほりだしたる山土をながしうち見れバ，鉄ハむしろの上にとまり土ハ皆ながれ行なり．」とある（図 3-3）．つまり，この『日本山海名物図会』の記述と，上記の 4 つの史料が記す砂鉄採取はよく似ている．筆者は，これらの記述が洗い樋型鉄穴流しの成立する以前の原初的な方法を記

していると考えている。このような「原初型鉄穴流し」と呼ぶべき段階を経ることなく，完成された洗い樋型鉄穴流しが近世初頭までに出現していたとする通説的見解には，同意できない。

そして，南部藩領の製鉄技術を記す文政3年（1820）『萬帳』の「鉄口」の項には，鉄穴流しの設備に関して「磨場所池，幅二尺　長さ上壱番五間　中弐番四間　下三番三間」などとあり，洗い樋の大きさが示されている。同様に，盛岡藩領で製鉄業に従事したことのある高島嘉右衛門（1832〜1914）の自叙伝には，「下流穏かなる場所を撰擇して更に一の堰を構へ，番人その水上を鞭ち砂鐵の沈殿溜たまるに従ひて堰を高くす。然る時土は泥と爲りて堰を越へて流下し，砂鐵は堰の爲めに遮られて降沈す。」とある。これらの記述から，盛岡藩では，19世紀前半の段階において，洗い樋をともなう鉄穴流しの稼業が確認できる。

以上のように，東北地方の史料によって洗い樋型鉄穴流しの稼業が確認できるのは，19世紀のことである。つまり，中国地方のみならず，東北地方の近世史料の検討によっても，鉄穴流しにおける比重選鉱のおもな方法には，近世前期の原初型鉄穴流しの段階から，近世後期までに洗い樋型鉄穴流しへ移行したという技術変化が想定できるのである[4]。

2．地形改変の方法と技術変化

洗い樋の使用開始は，地形改変の大規模化と深く関わっていたにちがいない。鉄穴流しに関する既存の研究では，地形改変の方法について，採掘地点上部の崩壊をうながすように下部を横方向へ掘り崩し，風化土を流水によって下流の比重選鉱地点に導くという説明が広くなされてきた。しかし，『日本山海名物図会』などの砂鉄採取では，地形改変の方向は上から下へ，つまり竪穴を掘る方法であり，比重選鉱地点までの土砂の運搬は人力であったと読みとることができる。『封内土産考』と『経済要録』の記述は，山腹に掘った溝に水を入れ，その流れの中で砂鉄を採取するとあり，どちらかといえば『日本山海名物図会』にみえる方法と似ているといえよう。

横方向へ掘り崩す地形改変について記す文政8年（1825）の『芸藩通志』(頼，

1825）[5]）には，「昔は土鉄を採り，水際に持出て淘洗し，故に其鉄を採りしあと，穴にもなりしより，鉄穴と名づけたる」とあり，地形改変作業が縦方向から横方向へ変化したことを述べている。地形改変の方法については，『日本山海名物図会』に描かれているような縦方向への地形改変を主流とした時代を経て，横方向への大規模な地形改変方法が成立・普及してきたと考えるべきである。後者の成立・普及期の解明が求められるものの，鉄穴流しによる地形改変の方法について記す東北地方の近世前期の史料は確認できていない。

横方向への大規模な地形改変を示唆する最も古い中国地方の史料は，管見のかぎり，吉井川上流域の美作国上才原村（現・岡山県苫田郡鏡野町上齋原）にある「大鉄穴」の崖の比高を約18mと記した享保2年（1717）のものである（山中一揆顕彰会編, 1956）[6]）。さらに，延享4年（1747）には，美作国において「流し山と申す事を挊ぎ仕り，山へ水を仕掛け切り崩し流し申し候」（宗森, 1982）[7]）という砂鉄採取が確認できる。これらの記述から，18世紀前半の段階には，山麓に水路を設けて掘り崩す作業，すなわち横方向への地形改変も行われ，土砂は流水によって比重選鉱地点へ導かれていたとみられる。

詳細については，今後検討を積み重ねなければならないものの，横方向への大規模な地形改変が普及することによって，鉄穴流しの廃土による悪影響が顕著になったにちがいない。土井（土井, 1983[8]）, 1983[9]））は，この悪影響による被害対策が1620～1680年代以降に講じられるとみている。そして，松江藩は正徳4年（1714）に「神門・出雲の百姓中より川高く成り，御田地のために悪しき由年々断り申すに付」として，天秤鞴の使用を禁止している。この事実に対して山﨑（山﨑, 2010）[10]）は，天秤鞴の使用開始が砂鉄需要を高め，鉄穴流しの回数や規模の増大を招き，廃土による悪影響が拡大した可能性を指摘している。

そこで，横方向への大規模な地形改変の普及期については，現段階では17世紀中頃以降と考えておきたい。したがって，近世中・後期における地形改変の主要な方法は，横方向へ掘り崩すものであったとみてよいであろう。しかし，縦方向への小規模な地形改変は，17世紀中頃までは有力な方法であった。そして，18世紀以降も横方向へ掘り崩す方法と並行しつつ，確実に行われてき

たとみられる。

　以上のように，鉄穴流しの比重選鉱と地形改変には近世において技術変化があったと考えられる。そうすると，鉄穴流しの研究には，いくつかの課題が浮かびあがってくる。まず，貞方（貞方，1996）[11]の研究が示してきた鉄穴跡地の地形は，削り残された丘状の鉄穴残丘や，未風化の小尾根からなるホネ，最終の掘り崩し地点にあたる急崖をなす切羽跡など，横方向へ掘り崩す作業によって形成されたものが中心であった。そこで，次節では，近世前期，あるいはそれ以前に遡りうる鉄穴流しによる地形改変，すなわち縦方向への地形改変による鉄穴跡地とみられる3つの事例を紹介したい。

II. 近世前期における鉄穴跡地の地形的特色

1. 北上川水系砂鉄川上流域の内野地区

　仙台藩では，近世前期から焗屋（どうや）と呼ばれる作業場において砂鉄製錬が行われていた。北上山地南部，北上川水系の砂鉄川源流部にあたる岩手県一関市大東町大原の内野地区には，標高300〜550m付近の山麓緩斜面に花崗岩類が分布している。この内野地区は，18世紀前半から明治時代中ごろまで，藩領内最大の砂鉄産地であった。しかし，焗屋の最盛期を18世紀初頭に置く見解があるように（野崎，1977）[12]，近世後期の仙台藩領における鉄生産量は藩内の需要をまかなう程度に縮小したとされている（金属博物館編，1981）[13]。したがって，仙台藩領は，竪穴掘りによる鉄穴跡地を検出しやすい条件にあるとみられる。しかし，東北地方の鉄穴流しによる地形改変に関する検討は，これまでにまったくなされていない。

　内野地区のうち，萱（かや）付近の空中写真（図3-4）を立体視すると，花崗岩山地特有の起伏にとぼしい自然斜面（A地点）に対して，横方向への掘り崩しにともなって生じたV字型の溝（B地点）が多数認められる。これらの溝にはさまれた小尾根状の尖った岩塊がホネであり，大小さまざまな鉄穴残丘（C地点）も多数みられる。これらの微地形は，中国山地においても確認されてきた典型的な鉄穴跡地の地形である。

図 3-4　北上山地南部・砂鉄川上流域・内野地区北部の鉄穴跡地
（写真：国土地理院 1977 年撮影・約 1 万分の 1 空中写真，CTO-77-8　C15A-20・21）
立体視可　A：自然斜面，B：ホネ，C：鉄穴残丘，D：小鉄穴残丘群

　一方，山麓緩斜面の延長部にあたり，独立した分離丘陵状をなすD地点には，裾の直径と比高がそれぞれ数 m 程度の小丘の密集地としてきわめて特徴的な地形がみられる(図 3-5)。砂鉄川上流域において広く確認できるこの小丘群は，自然の地形としては説明がつかず，D地点のように水路の配置が不可能な地点にも認められる。そして，この小丘群は，花崗岩類の分布域にかぎって認められ，現地では典型的な砂鉄採取跡地として「ホッパ山」と呼ばれている。以上の点から，この小丘群は，竪穴を掘り，水路を介さずに風化土を比重選鉱地点に搬送する作業によって形成された微地形と認定したい。D地点にみられるような小鉄穴残丘群は，風化土の採掘にともなうすり鉢状，あるいは溝状の小凹地に囲まれることによって，近世前期までに形成された人工地形と考えられる。

図3-5 岩手県一関市大東町内野地区萱の小鉄穴残丘群(2013年4月德安撮影)
水路の設置が困難な分離丘陵上に，裾の直径と比高がそれぞれ数mほどの小丘が密集している．住民はこのような地形を「ホッパ山」と呼び，砂鉄採取跡地とみている．撮影地点は図3-4中に記したDの記号付近である．

なお，これらの小丘群は，採掘後における風化の進行によって，現在では全体として丸味を帯びているとみられる。

2. 吉井川水系 泉山北西麓の大神宮原地区

　岡山県苫田郡鏡野町の旧奥津町と旧鏡野町の境界をなす泉山（1209m）北西麓の大神宮原には，標高500～700m付近に小起伏面が発達している。この緩斜面には，花崗岩類の中でもとりわけ砂鉄採取に適するとされる花崗閃緑岩が分布する。大神宮原は，放牧地として利用されてきたものの，現在では一部がゴルフ場となっている。

　岡山県東部を南流する吉井川上流域の鉄穴流しは，津山盆地に位置する下流の水請け村や岡山藩との関係から厳しい稼業制限を受けてきた。当流域の鉄穴流しは文化3年（1806）～文政3年（1820）にかけては全面的に禁止され，その後，稼業できる鉄穴場は2カ所程度に限定されている。そのような中，大神宮原周辺における鉄穴流しの稼業を示す史料はみつかっていない。

第3章　近世前期の鉄穴流しによる地形改変と耕地開発　49

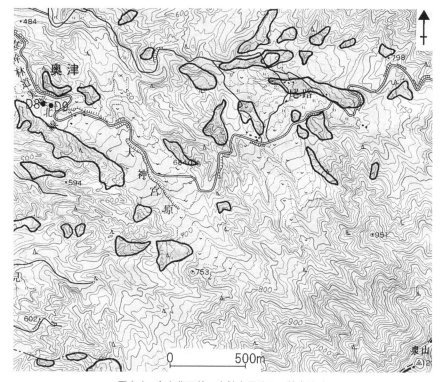

図 3-6　泉山北西麓・大神宮原地区の鉄穴跡地
（空中写真から判読した鉄穴跡地を，2.5 万分の 1 地形図「奥津」，国土地理院 1975 年発行に記入して作成．注 12 の原図）
実線内：鉄穴跡地　D8：大神宮原 No.8 遺跡，D9：大神宮原 No.9 遺跡

　ところが，この付近は当流域における鉄穴跡地の集中地区の 1 つとなっている（徳安，1994）[14]。ここに分布する鉄穴跡地の多くは狭長で，溝状をなし，1 つあたりの面積はきわめてせまい（図 3-6）。これは，水利の悪い尾根の頂部にある風化土が採掘の対象となっていることによる。大神宮原とその周辺では，これまでに 9 ～ 16 世紀に操業された製鉄遺跡が 20 カ所以上確認されている（奥津町教育委員会編，2003）[15]。それらの遺跡のうち，大神宮原 No.8・9 遺跡は，小規模の溝状をなす洗い樋をともなわない鉄穴流し状遺構とされている。これらの遺跡の稼業年代は判然としないものの，近世以前とみなされている。当地

区にみられる鉄穴跡地の多くは，横方向へ掘り崩す大規模な地形改変が普及する以前に，尾根上の風化土を掘削したことによって形成されたものとみるのが妥当であろう[16]。

3. 旭川水系鉄山川流域の鉄山地区

岡山県真庭市鉄山の半田・峪(さこ)・篠原地区は，旭川水系鉄山川の支流である半田川の流域に一致する。笹ヶ山（975m）南麓から流出する半田川流域には，花崗閃緑岩が分布している。なお，笹ヶ山東麓の吉谷川流域には，図3-1に示した「吉谷鉄砂流口」がある。

峪地区の北部にある字「内鉄穴」の水田は，低い支尾根上に位置し，馬蹄形の畦畔をもっている（図3-7）。この鉄穴跡地は，採掘した土砂を付近の流水に流し込み，特別な設備を用いることなく流水の中から砂鉄を選鉱した様子を彷彿させるものであり，堅穴掘りによって出現した地形改変地として理解したい。なぜなら，この水田は，文政13年の『名寄帳』[17]によって，本田，すなわち近世初頭までに開発された水田であることが判明する。この土地で砂鉄が採取された時期は，遅くとも近世初頭ということになるからである。同様の「〇鉄穴」という小字名をもつ本田畑は，17世紀中に開発されたとみられる新田畑とともに，当地区では多数確認できる（徳安，1995）[18]。「内鉄穴」の水田は，既存の耕地に隣接した土地が砂鉄採取のために堅穴掘りされたのち，切り添え的に耕地化されたと考えられる。

以上の事例によって，近世前期またはそれ以前の鉄穴流しによる地形改変地の地形的特色について，その一端を示した。上から下への方向をとる小規模な地形改変方法では，すり鉢状や溝状をなす浅い小凹地が掘られることになった。そして，土砂の運搬には主として人力が用いられ，地形改変地と比重選鉱地点は近接していた。採掘の対象となる地形は，自然の小河川に近接した山麓緩斜面や，風化土の豊富な分離丘陵と支尾根の頂部などであったとみられる。なお，堅穴掘りによる鉄穴跡地は，のちの横方向への大規模地形改変にともなって，再度，風化土の採掘を受け，消滅したところもあったにちがいない。

さて，地形改変に2つの方法があったことを踏まえると，鉄穴地形（鉄穴跡

第3章　近世前期の鉄穴流しによる地形改変と耕地開発　51

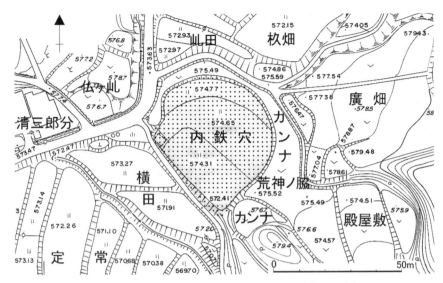

図 3-7　岡山県真庭市鉄山の峪地区における土地割と小字名
(岡山県美甘村作成 1,000 分の 1「鉄山地区ほ場整備事業平面図」，1980 年測図に加筆・縮小)

地および稼業地点付近における廃土の堆積地）における土地開発の検討に際して，従来とは異なる見方が必要となる。次節では，まず，鉄穴流しによる耕地開発，とくに流し込み田の性格規定に関する研究を整理しつつ，その問題点を明らかにする。

III．鉄穴流しにともなう耕地開発

1．鉄穴流しによる耕地開発の研究史

　鉄穴流しと耕地開発との関連については，まず石田（石田，1958）[19]が鉄穴跡地に造成された耕地である「掘田」と「掘畑」に加え，「鉄穴流をし山をこわし，その砂から砂鉄をとり，残った砂を窪地に流しこんで」造成したという「流し込み田」の存在を示した。ついで，難波（難波，1959）[20]は，鉄穴流し稼業地点の「中流の平坦地には山裾に棚状の田ができる。これを美作では"堀田"奴可郡では"膳田""棚田"などという。下流の盆地には堆積土による

新田が生まれる。これがいわゆる"流し込み田"であ」ると説明した。さらに，宮本（宮本，1964）[21]は，「鉄穴流しをおこなうとおびただしい砂が流し出されていく。それが付近の谷をうずめていく。〔中略〕その下方には流出した砂をせきとめて，水田が発達してくる。この田を流し込み田といった。」としている。流し込み田は，現在では鉄穴流しにともなって流出した土砂の堆積地に造成された水田として広く理解されている。

そして，赤木（赤木，1960[22]，1990[23]，1996[24]）は，鉄穴流しに関わって造成された土地の耕地化について，耕地1筆レベルでの分析に取り組んでいる。一方，貞方（貞方，1996）[25]は，空中写真の判読や現地調査などによって，斐伊川・高梁川・江川流域などにおいて耕地化された鉄穴跡地の面積を算定した。松尾（松尾，2007）[26]は，絵図類や史料の分析などをもとに，たたら製鉄稼業地域の上層住民が鉄穴流しの経営と新田開発を行いつつ，近世村における農業基盤の充実・整備に貢献したことを示した。

さらに，近年では，島根県仁多郡奥出雲町の棚田景観が「奥出雲たたら製鉄及び棚田の文化的景観」として国の重要文化的景観に選定されるにあたり，鉄穴流しと耕地開発との関係を解明しようとする検討がなされた。その報告書（奥出雲町教育委員会編，2013）[27]では，流し込み田を「削り落とされて，流しだされる土砂で渓流沿いの谷を埋め，あるいはさらに下流の本流と出会う広い谷底平野に散布するような形で扇状地状の地形をつくり，これを整地し〔中略〕，砂鉄採取後の廃棄物に該当する土砂をうまく利用し」（林ほか，2013）[28]て造成した水田，あるいは「鉄穴流しによってできた切り田，流し込み田：鉄穴流し跡地が整地されてできた水田と削り採られた土砂を流し込んでできた水田で，いずれも棚田状の景観となる。」（林ほか，2013）[29]などと説明されている。

廃土，すなわち鉄穴流しによって採掘された土砂とは，同報告書でも「砂鉄採取後の廃棄物」と説明されているように，比重選鉱作業を終えた土砂とみなすべきである。しかし，同報告書の模式図には，鉄穴跡地である切羽に隣接した谷底の水田が流し込み田として示され（林ほか，2013）[30]，掲載されている多くの地図にも鉄穴跡地に隣接した水田が流し込み田であるとされている。鉄穴跡地と流し込み田が隣接する実態は，どのように理解したらよい

のであろうか。

2. 流し込み田の実態

筆者の問題意識を明白にするために，図3-1に示した「吉谷鉄砂流口」の「本場」と「二番」，「堀流口」を，空中写真から判読した鉄穴跡地とともに，吉谷川流域の地形図に示した（図3-8）。吉谷川の谷底には，棚田をなす水田がみられる[31]。しかし，そこにみられるすべての耕地が，洗い樋型鉄穴流しによる廃土を利用した流し込み田に該当しない。なぜなら，この鉄穴流しにともなう廃土を堆積させることが可能な土地は，「二番」より下流の鉄山川との合流点付近だけであり，このような土地は洗い樋型鉄穴流しが始まる前に耕地化されていたにちがいないからである。つまり，洗い樋型鉄穴流しによって形成された鉄穴跡地と，廃土を堆積させた流し込み田が隣接することは，比重選鉱設備が上流側に移設されるなど特殊な条件が生じないかぎり，ありえないのである。

筆者は，流し込み田には，ⓐ砂鉄採取後の廃土を開田のために意図的に堆積させた土地に造成した水田，ⓑ砂鉄採取後の廃土が自然に堆積した谷底に造成された水田，ⓒ流水客土法を用いて鉄穴跡地とその付近に造成した水田，の3種類があると考える。

ⓐとⓑはいずれも比重選鉱設備より下流に造成されることになる。原初型鉄穴流しでは，採掘地点と比重選鉱地点が近接するため，鉄穴跡地に比較的近いところでも流し込み田の造成は可能となる。しかし，採掘地点と比重選鉱地点が離れた洗い樋型鉄穴流しでは，流し込み田は比重選鉱地点より数百m以上下流に造成されることになる。このような下流の低地は，早くから耕地化されていたとみられる。そうすると，洗い樋型鉄穴流しの廃土は流し込み田の造成にあまり寄与しなかったとみざるを得ないのである。

ⓒは，砂鉄採取後の廃土を利用した水田とはいえない。しかし，中国地方各地の鉄穴流しの稼業地点付近には，流し込み田とみなされてきた棚田が少なからずみられる。この棚田の多くは，鉄穴跡地を水田化する際に，鉄穴流し用水路を介した流水客土法によって造成された水田にあたると筆者は考える。鉄穴

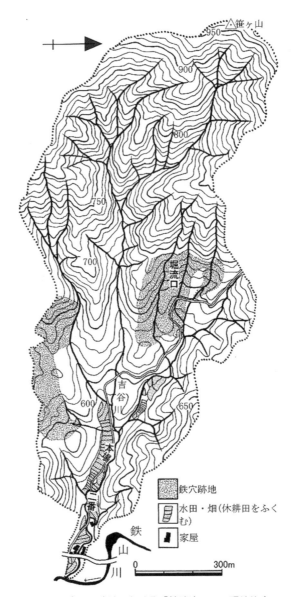

図 3-8　吉谷川流域における「鉄砂流口」の現地比定
図 3-1 と対比しやすいように，西を上にしている．
(1972 年撮影約 1 万分の 1 空中写真の判読, 2.5 万分の 1 地形図「美作新庄」
「湯原湖」，図 3-1，現地調査などより作成)

跡地内に導かれた表土は，花崗岩類の風化土ではなく，森林の下に生成された腐植に富む土壌を用いたにちがいない。その根拠は，以下に示す通りである。

　まず，流水客土法による新田開発と砂鉄採取に密接な関係があることは，伯耆国久米・河村郡の例ではあるが，次の享保7年（1722）の史料（鳥取県編，1971）[32)]によって把握できる。

　　近年川筋荒れ場亦は河原など新開に願ひ，①流し山に願ひを以て埋め新田仕る族之れ有り，川筋障りに成らず所聞き届け申し付け候処，末々心得違ひ，②小鉄を取り申す覚悟にて，新開は願ひ候品に申し出す趣に相聞こえ候，之れに依り今年より流し山新開，堅く停止に仰せ付けられ候，流し山にて之れ無き場所新開は唯今迄の通り，勝手次第願ひ指し出し，少しにても新開仕る事。〔後略〕（下線は筆者による）

　すなわち，「流し山」を願い出て「埋め新田」をする者がいること（下線部①），砂鉄を採取するつもりで「流し山新開」を願い出る者がいたこと（下線部②）などがわかる。「流し山」とは，流水客土法を用いた開田作業とみられる。天神川流域の鉄穴流しが禁止されていた中，流水客土法によって新田を開発すると願い出ておきながら，砂鉄を採取する者がいたのであった。その結果，鳥取藩は「流し山新開」を禁止するに至っているのである。

　鉄穴流しと流水客土法による開田との関わりについては，杉本（杉本，1957）[33)]が早くから指摘している。そして，明治期の伯耆大山南麓では，鉄穴流しの技術をもった島根県仁多郡からの出稼ぎ労働者が，流水客土法によって火山山麓の耕地造成にあたっている（徳安，1996）[34)]。このような労働者たちは黒鍬師と呼ばれ，たたら製鉄の廃絶後，西日本各地の耕地造成に携わったとされている（向井，1978）[35)]。これらの流水客土を行うにあたり，鉄穴流しの廃土を水田の表土に用いる必要はないと考える。

　以上のように，これまで砂鉄採取後の廃土の堆積地に造成されたと認められてきた水田の中には，廃土を用いることなく，流水客土法によって造成されたものが少なからずふくまれていると考えられる。洗い樋型鉄穴流しの廃土を利用した水田とみなすのであれば，比重選鉱地点の位置を確認する作業を経るべきである。

IV. むすび

　本章では，まず，鉄穴流しの方法に関する従来の一般的見解に再考を求めた。18世紀中頃までの鉄穴流しでは，花崗岩類の風化土を自然の河川に人為的に流し，川底にて淘汰する，あるいは筵のようなきわめて単純な道具を用いて砂鉄が採取されていた。この段階の鉄穴流しによる地形改変では，下方向へ竪穴を掘ることが多かった。そして，17世紀中頃以降，採掘地点上部の崩壊をうながすように下部を横方向へ掘り崩し，流水によって風化土を比重選鉱地点へ導く地形改変方法が成立・普及してきた。この選鉱する土砂量の増大に対応するように，18世紀中ごろまでに，水路状の洗い樋において砂鉄を採取する方法が成立・普及してきた。筆者は，前者の砂鉄採取法を原初型鉄穴流し，後者を洗い樋型鉄穴流しと呼ぶ。そして，18世紀後半以降の山砂鉄採取は洗い樋型鉄穴流しを中心に行われたものの，原初型鉄穴流しも一部で行われたとみる。鉄穴流しには，近世前期から中期にかけて，地形改変と比重選鉱のそれぞれにおいて技術変化が生じていたのである。

　次に，近世前期までに出現していた鉄穴跡地の地形的特色について，北上山地南部と中国山地東部を事例として言及した。そして，近世初頭までに耕地化された鉄穴跡地があることを，旭川水系鉄山川流域において初めて確認した。

　さらに，鉄穴流しに関わって造成された流し込み田について，筆者は，ⓐ砂鉄採取後の廃土を開田のために意図的に堆積させた土地に造成した水田，ⓑ砂鉄採取後の廃土が自然に堆積した谷底に造成された水田，ⓒ流水客土法を用いて鉄穴跡地とその付近に造成した水田，があると考えた。そして，洗い樋型鉄穴流しでは，地形改変地と比重選鉱地点とが離れるため，ⓐとⓑの流し込み田の積極的な造成は想定しにくい。ⓒは鉄穴流しの廃土を利用した水田とはいえないが，従来，流し込み田とされてきた水田の多くはⓒとみられることを指摘した。

　原初型鉄穴流しは資本を必要とせず容易に稼業できたとみられるので，近世前期までの中国山地や北上山地の農民は砂鉄需要のあるかぎり，積極的に

これに従事しようとしたのであろう．そして，17世紀が日本史上の「大開拓時代」（菊地，1977）[36]にあたることを勘案すると，既存の耕地に近接した土地を堅穴掘りした鉄穴跡地は，比較的高い割合で耕地開発の対象になった可能性がある．これらの解明は，今後の課題である．

以上のように，鉄穴流しに関する従来の一般的見解に修正を求めるに至ったのは，自然と人間の関係を考察する地理学の有用性よるものと考える．日下（日下，1991）[37]のいう「地域史研究における第三の方法」，すなわち自然と人間の両サイドから過去の景観を総合的に解明しようとした結果にほかならない．今後，本章で言及した筆者の見解に対する是非が議論される時の到来を待ち続けたい．

加えて，自然と人間の関係の考察に挑む"地理学"という有用な学問分野が存在する．このことが世の中に広く認知される時の到来も，あわせて待ち望む次第である．

[追記]

脱稿後，小野正敏・五味文彦・萩原三雄編『水の中世－治水・環境・支配－（考古学と中世史研究10）』高志書院，2013，所収の海老澤衷論文において，鉄穴流しと水田開発に関する指摘がなされていることを知った．本章で言及した内容と多くの接点をもつ論考であり，併読していただければ幸いである．

[注]
1) 德安浩明「地理学における鉄穴流し研究の視点」，立命館地理学11, 1999, 75-97頁．
2) 德安浩明「地理学におけるたたら製鉄の研究動向」，たたら研究44, 2004, 40-48頁．
3) 河瀬正利「中国地方たたら吹製鉄の技術伝播」，（岸田裕之編『中国地域と対外関係』山川出版，2003，所収），171-205頁．
4) 洗い樋をともなう鉄穴流しを対象とした発掘調査の結果をみても，17世紀以前の遺構は確認されていない．角田德幸『たたら吹製鉄の成立と展開』清文堂，2014, 72-75頁．
5) 頼杏坪編著『芸藩通志』, 1825, （東城町史編纂委員会編『東城町史 第3巻 備後鉄山史料』東城町，1991, 所収），50頁．
6) 享保2年「覚」, 津山市矢吹家文書, 山中一揆顕彰会編『第一回 山中一揆調査史料』同会，1956, 4頁．

7) 延享 4 年「作州鉄山之一件」, 岡山大学付属図書館蔵 (池田家文庫), 宗森英之「美作国における鉄穴稼と濁流問題」, (水野恭一郎先生頌寿記念会編『日本宗教社会史論叢 (水野恭一郎先生頌寿記念論文集)』国書刊行会, 1982, 所収), 584-585 頁.
8) 土井作治「松江藩の鉄山政策と製鉄技術」, (たたら研究会編『日本製鉄史論集』たたら研究会, 1983, 所収), 407-452 頁.
9) 土井作治「近世たたら製鉄の技術」, (永原慶二・山口啓二編『採鉱と冶金 (講座日本技術の社会史　第 5 巻)』日本評論社, 1983, 所収), 69-103 頁.
10) 山﨑一郎「十七～十八世紀前期, 松江藩の鉄山政策と鉄山業の展開」, 史学研究 267, 2010, 1-19 頁.
11) 貞方　昇『中国地方における鉄穴流しによる地形環境変貌』渓水社, 1996, 309 + 124 頁.
12) 野崎　準「仙台藩の製鉄と佐藤十郎左衛門」, 金属博物館紀要 2, 1977, 26-30 頁.
13) 金属博物館編『宮城県における近世製鉄遺跡等の調査報告書 3　宮城県における近世製鉄遺跡』金属博物館, 1981, 21 頁.
14) 德安浩明「吉井川上流域における鉄穴流しと濁水紛争」, 人文地理 46-6, 1994, 628 頁.
15) 奥津町教育委員会編『大神宮原遺跡群 (奥津町埋蔵文化財発掘調査報告 6)』同会, 2003, 255 頁.
16) 同様の地形の存在は, 次の報告書や, 前掲 11) 11-29 頁, においても確認されている. 久米開発事業に伴う文化財発掘調査委員会編『糘山遺跡群Ⅲ　久米開発事業に伴う文化財発掘調査報告 (3)』同会, 1980, 169 頁.
17) 文政 13 年「鉄山村本新田畑名寄帳」, 岡山県旧美甘村役場蔵, 鉄山地区在住・横山家宗宰氏筆写提供資料.
18) 德安浩明「岡山県真庭郡美甘村鉄山における鉄穴流しと耕地開発」, 日本地理学会予稿集 48, 1995, 150-151 頁. 詳細については, 他稿を準備中である.
19) 石田　寛「中国放牧山村の地形・集落と交通－いわゆる僻地の地理学的考察・第 2 報－」, 岡山県教育研修所叢書 20, 1958, 43-59 頁.
20) 難波宗朋「備後国奴可郡における製鉄業の概況」, 広島県東城高等学校研究紀要創刊号, 1959, 1-17 頁.
21) 宮本常一「中国山中の鉄山労働者」, (宮本常一『山に生きる人びと (双書日本民衆史 2)』未来社, 1964, 所収), 131-140 頁.
22) 赤木祥彦「中国山地における砂鉄産地－地形的立地と地形変形－」, 史学研究 75, 1960, 47-65 頁.
23) 赤木祥彦「中国山地中央部における鉄穴地形の耕地化－広島県東城町森地区と島根県横田町大谷本郷地区の場合－」, 福岡教育大学紀要 39, 第 2 分冊, 1990, 1-10 頁.

24) 赤木祥彦「広島県東城町における鉄穴地形の耕地化」，たたら研究 36・37，1996，26-43 頁．
25) 前掲 11)．
26) 松尾容孝「たたら地帯における村落の開発と充実－島根県仁多郡奥出雲町の 2 事例による検討－」，専修大学人文科学研究所月報 228，2007，29-71 頁．
27) 奥出雲町教育委員会編『奥出雲町文化的景観調査報告書－奥出雲たたらと棚田の文化的景観－』同会，2013，197 頁．
28) 林　正久・貞方　昇・高橋　悟・宇野和男・佐竹昭一「たたら製鉄・鉄穴流しと鉄山（山林）」，（前掲 27）所収），2013，110 頁．
29) 林　正久・高橋　悟・宇野和男・鳥谷智文・相良英輔・角田徳幸・中越信和「文化的景観の本質的価値」，（前掲 27）所収），2013，144 頁．
30) 前掲 28)，115 頁．
31) これらの水田のほぼすべては，現在，耕作放棄地となっている．最上流部の 4 筆は，下手側に高い畦畔をともない，1 筆あたりの面積が下流の水田より広い．つまり，この 4 筆の水田は，急傾斜地に不相応な面積をもつ不自然な埋積地形に造成されているといえる．しかし，備中国新見荘域の耕地に関する検討を積み重ねた竹本は，このような水田を，近世後期から明治期にかけて実施された畦畔の耕地化による田地面積の拡大にともなうものとする．このことは，鉄穴跡地付近の不自然な埋積地形に造成された水田の中には，鉄穴流しとは直接関係のないものがふくまれている可能性を示している．竹本豊重「中世村落景観復原方法について」，岡山県史研究 7，1984，61-62 頁．
32) 享保 7 年 4 月 10 日「在方御法度」，（鳥取県編『鳥取藩史　第 6 巻　殖産商工志・事変志』鳥取県立鳥取図書館，1971，所収），313-314 頁．
33) 杉本　寿「資本主義の発展におけるタタラ企業の役割」，福井大学学芸学部紀要・第 3 部・社会科学編 7，1957，55-81 頁．
34) 徳安浩明「鉄山経営者による耕地開発と集落形成－鳥取県日野郡江府町宮市原の事例－」，歴史地理学 38-5，1996，2-18 頁．
35) 向井義郎「砂鉄掘り」，（広島県編『広島県史・民俗篇』同県，1978，所収），567-570 頁．
36) 菊地利夫『新田開発・改訂増補版』古今書院，1977（初出，1958），1-9 頁．
37) 日下雅義『古代景観の復原』中央公論社，1991，250 頁．

第4章　水辺に生きる人間と自然の共役史

神松幸弘

I．「地球の明かり」が示す陸と水の境界線

　夜の地球を人工衛星からとらえると，地表に無数の明かりを見ることができる。東京をはじめとする世界の大都市は，多くの光が集まりひときわ明るく見える。「地球の明かり」はそれぞれの国と地域の人口規模や経済活動量を推し量る「ものさし」となる。

　NASA と NOAA が運用する気象衛星スオミ NPP による地球の夜の画像が Google Map 上で公開されている（Google, 2012）[1]。そのお陰で「地球の明かり」を世界の隅々まで誰もが眺められるようになった。アメリカ東部，ヨーロッパ，インド，東アジア地域はとくに明るい。反対にユーラシア大陸の中央部やアフリカ，オセアニアなどは光が乏しく暗い。このように明かりの分布は不均一である。また，明かりは大陸の海岸線や島弧の縁をなぞるようにつながっている。そのため，私たちは暗闇の中で大陸や列島の輪郭をとらえることができる。光の筋は，海沿いに多くの都市が並んでいることを明示している。

　アジェンダ21では，世界人口の半数以上は海岸線から60km 以内に居住すると記されている。それは，メガシティと呼ばれる巨大都市のほとんどが沿岸域にあることに加えて，居住に向く平地や交易の拠点が集中するためであろう。一方で，大陸の内部に立地する大都市もある。ただし，それらは河川や湖沼に沿って形成されたものがほとんどである。宇宙から観るとナイル河はデルタか

らアスワンダムまで川の形状に沿って煌々と明かりが灯っている。人間は水辺を主要な生息場所にしている生物ではないだろうか。人工衛星のとらえた「地球の明かり」はそのことを物語っているように思える。

II．湿地とその恩恵と災厄

　狭義に水辺を陸域と水界との境界線とするならば，湿り気をおびる陸域や浅い水域も含めたより広い地域は湿地と呼ぶ方が一般的である。ラムサール条約（特に水鳥の生息地として国際的に重要な湿地に関する条約）で定義される湿地とは，「川の始まりから海の浅いところまで，山地水域から湿原，湖沼，河川，人工水系を含み，干潟，マングローブ林，サンゴ礁，藻場などの沿岸域，島嶼までとあらゆる陸と水の境界」と定めている（ラムサール条約事務局，1993）[2]。具体的に列記されたこれらの湿地は，形成過程，存在する時空間スケールいずれにおいても様々である。

　湿地生態系が成立・維持されるためには，陸域と水域双方の生態系が重要である。たとえば，湿地を代表する生物にカエルなどの両生類がいる。両生類は文字通り水と陸の両方で生きる生物であり，親と子どもが育つ環境がセットでなければ生きていけない。そのため，湿地生態系の保全には湿地とともに周辺環境を考慮する必要がある。また，ラムサール条約の湿地には，水田や運河のように自然の地形をもとに作り替えた人工的な環境も含まれている。これらの湿地は，自然湿地に変わる代替的な湿地でありながら，野生生物の重要な生息地を提供しているものも多い（守山，1997）[3]。

　湿地の恩恵と災厄について表にまとめた（表 4-1）。湿地の重要性は主に 4 つに大別することができる。恩恵は，生態系サービスと呼ばれ，生物多様性がなぜ大切かを説く論拠でもある。湿地は，世界人口を支える食料資源の供給地として最も重要な環境の 1 つであるが，最も劣化の激しい生態系でもある（Millennium Ecosystem Assessment，2007）[4]。また，近年の温暖化に関連して，湿地の持つ緩和機能も評価されている。一方，災厄については，水の過不足は最も大きな危機である。また，湖沼や河川，沿岸は人為的負荷が最も集積

表 4-1　湿地から得られる恩恵と災厄の例

恩恵	供給サービス	水資源（飲用，灌漑，発電など） 食料（魚介類など）
	調整サービス	気候調整 水量調整 水質浄化
	生物地サービス	生物の生息環境の提供
	文化的サービス	自然・文化的景観 レクリエーション・環境資源 教育的価値
災厄	水量の過不足	洪水 土砂災害 干ばつ 津波・高潮
	水質汚染	富栄養化（リン・窒素など） 汚染物質の蓄積（PCB，重金属など）
	生物的災害	病原生物の発生（大腸菌，アオコなど） 野生生物による被害（農害虫，漁業被害等）
	地形・地質に伴うもの	地震被害の拡大（軟弱地盤，液状化など） 泥炭・草地の火災
	人工設置物に伴うもの	ダム・堰の決壊 発電所の事故

しやすい場所であり，排水に起因する富栄養化や重金属，農薬などの汚染による公害が顕在化しやすい。このように直接的な自然災害ではなく人間との関わりよって引き起こされる問題も多い。こうした観点から見ても湿地は人間と自然の相互作用の研究においてとくに注目すべきフィールドである。

　本章では，水辺における人間と自然の共役的な影響応答について，琵琶湖の漁業とラオス中部の稲作について事例を紹介する。琵琶湖では，人為的な水位調節や護岸整備による魚類への影響を介して，漁業に及ぼす波及効果とその問題対処について紹介する。ラオスでは，近代的な灌漑設備の導入と寄生虫感染症との関わりについて述べる。双方に共通するのは，人間が湿地環境から受ける災厄を克服しようとする過程で新たに引き起こされる環境問題を見つめた点にある。また，変化する自然に対し，人間が安定した環境を求めることが環境

問題の根本的な問題である可能性を指摘し，人間と自然との関係のあり方について論じたいと思う。

III. 琵琶湖がもたらす恩恵

琵琶湖は面積670.3m^2, 最大水深103.8m ある我が国において最大の湖であり，形成年代から，現在までの存続時間が最も長い古代湖である（琵琶湖自然史研究会，1994）[5]。そして15種もの固有種を含む54種の淡水魚が生息している（Yuma et al., 1998）[6]。そのうちコイ科（33種）は全体の6割を占めている。琵琶湖は内水面でありながら，漁業も盛んに行われてきた。全国的に放流されていたアユの他，フナ鮨を作るニゴロブナなど多様な魚は地域の食文化を支えてきた。かつては京都の街にも多く流通し，日々のおかずに彩りを添えていた（今西，1978）[7]。しかし，現在では高価なものとなり，馴染みが薄くなっている。昭和30年代頃は1万トンにも達していた総水揚げ量は，現在では2千トンほどであり，最盛期の5分の1に減少している。とくに減少が著しいのは，セタシジミ，ホンモロコそしてフナ類である。

魚類の減少の理由は様々に考えられるが，琵琶湖においては著しい漁獲圧，在来魚種を食べる外来種の捕食圧，そして沿岸における魚類の繁殖場所の環境改変が主な原因に上げられる。

IV. 琵琶湖沿岸の環境改変

現在，琵琶湖の沿岸は大部分を人工的な護岸で覆われ，琵琶湖の周囲の小規模な湖沼（内湖）は干拓によってほとんど消失してしまった。とくに1971年から82年に進められた「琵琶湖総合開発」によって急激に改変された（Nakanishi and Sekino, 1997）[8]。

沿岸の湿地帯の消失は著しく，1950年代には全体で300ha近くあったヨシ群落も1990年代には120haにまで減少した（浜端，1996）[9]。沿岸形状の変化に加えて琵琶湖の水位も変化している。琵琶湖の基準水位は明治の初期に定め

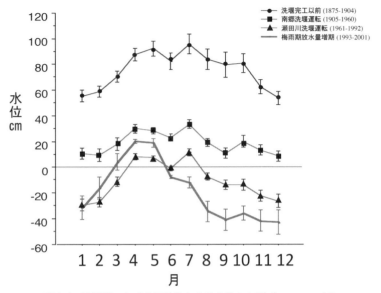

図4-1 琵琶湖における季節的な水位変動の変遷（1875-2001年）

られた85mであるが，1905年に南郷洗堰が，続いて1961年に瀬田川洗堰が完成するたびに水位は下げられ，現在の平均水位は明治初期よりも約1m低くなっている（図4-1）。

また，年間の平均水位だけでなく，季節的な水位変化も調節されるようになった。かつては春先（4－5月）と梅雨期（7月）に上昇する季節パターンが見られた。ところが，1992年から設けられた瀬田川洗堰の操作規則により，梅雨期はむしろ平均水位よりも低く抑えるようになった。沿岸の開発と水位操作は魚類にとって大きな影響を及ぼしたに違いない。とくにフナ類の繁殖には沿岸の植生および水位変動の改変は重要な意味を持つ。

V．フナ類の繁殖生態

フナ類はわずか数10cmの浅い水域で産卵を行う。卵はヨシなどの水草に産みつけられる。したがって，水と植物が共にある場所が必要である。琵琶湖の

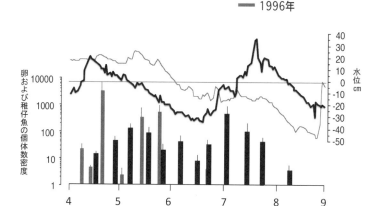

図4-2 琵琶湖におけるフナ類の繁殖活動と水位変動との関係（Yamamoto et al., 2006を一部改変）
濃い線および柱が1964年をそれぞれ示す．

　フナ類の主な繁殖場所はヨシ群落である。ヨシは抽水植物と呼ばれることから常に水面下に根を張り水面上に茎を伸ばしているように思われるが，大部分のヨシは湿った陸上に生えており，湖面に伸びても水深50cm程度から先はあまり生えない。したがって，湖底の傾斜にもよるものの，水に浸かるヨシ群落の面積は限られている。ところが，水位が上昇して岸辺に水が溢れると，これまで陸上に生えていたヨシ群落も浸水し，フナ類の繁殖可能な水域の面積が拡大する。フナ類の繁殖はまさにこのような一時的な水界で行われるのである。
　実際に梅雨期の水位操作は，フナの繁殖に影響を及ぼしているのだろうか。筆者ら（Yamamoto et al., 2006）[10]は，瀬田川洗堰の操作規則の変更から間もない1996年にフナ類の繁殖状況の調査を行った。フナの繁殖する場所で春から夏にかけて，ヨシ群落に方形区を設置し卵と稚魚の出現状況を調べた。幸いにも約30年前に同じ場所で行われた研究と比較することができた（平井, 1970）[11]。それぞれの年におけるフナ類の繁殖状況と水位変動を重ねたのが図4-2である。これを見ると，1964年は水位変動に2回のピークがあり，フナ類はそれに応じて繁殖を行っていた。しかし，1996年には6月以降水位は下降し，

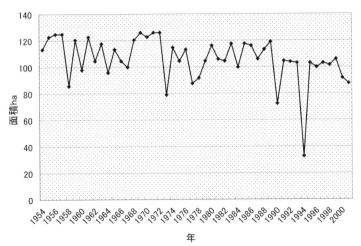

図 4-3 琵琶湖におけるフナ類の潜在的な繁殖場所面積の経年変化（1954-2000 年）

フナ類の繁殖は行われなかったのである。繁殖期間が減ったことはフナ類に大きな打撃となるであろう。

繁殖期間の短縮もさることながら，フナ類の繁殖場所の面積はどのように変化したのだろう。繁殖場所 10 地点において岸から沖にトランゼクトを設け，沿岸部の勾配を計測し，1994 年の大型渇水時得られた琵琶湖沿岸域の植生図（浜端, 1996）[12] と重ね合わせ，さらに 1954 年から 2001 年までの日平均水位データを用いて，各年の繁殖期間における浸水ヨシ群落を繁殖場所とし，その面積を算出した（図 4-3）。

フナ類の繁殖場所の面積は，過去から現在に向けて緩やかに減少していた。1990 年以降ではそれ以前より 1 割ほど減少していることがわかった。とくに操作基準を変更した 1992 年以降は，前年に比べてさらに 1 割減少している。また 1990 年と 1994 年の大渇水は例外としても，年変動の幅は小さくなっている。これは，排水操作が機能しているのであろう。

なお，この試算は，1994 年時の植生データを用いている。人工護岸がなされる前にはもっと大きなヨシ群落が陸上にあったはずであり大幅な過小評価といわざるを得ない。それでも 80 年代後半から著しく漁獲量の減ったフナ類の

資源回復のためには，琵琶湖の水位操作は見直される必要がある。

　この成果の発表以降，滋賀県では魚類の繁殖を考慮した水位操作を試験的に試み研究が進められている。ただ筆者には，それらは水位の高さと維持する期間にばかり目を向けた研究に思える。フナ類の主要な繁殖場所は一時的に水に浸かる水域である。普段は水に浸からないヨシ群落が広大に残され，かつダイナミックな水位変動を取り入れる方策が望まれるが治水やその他の水利用との折り合いをつけることはまだ先の課題であろう。

VI. 漁業者の影響応答

　魚を漁る漁業者にとって，魚は運命をともにする糧に思われる。しかし，双方の利するものが一致するとは限らない。次に，開発および水位操作による漁業への影響を見てみる。琵琶湖におけるフナ類の漁獲量は減少傾向にあり，とくに1980年代中頃から急激に減少した（Yamamoto et al., 2006）[13]。漁獲量は魚類の現存量だけでなく漁業者の人口，操業日数，漁法の変化にも影響を受ける。そこで，もう少し漁業者の動きを詳しく見るため，北船木漁業組合で資料をお借りし，同時に聞き取り調査を行った。北船木漁業協同組合は琵琶湖北西部に流入する安曇川河口域に位置する。組合設立は昭和27年であるが，元々賀茂別雷神社（上賀茂神社）の御厨であったため，漁業の歴史は古い。主として安曇川に遡上するアユを対象に漁業を行っており，かつては四つ手網漁が行われていたが，現在ではカットリ簗（やな）を使った漁が営まれている。

　組合の漁獲水揚げ控えによると，1962年から2000年までのフナ類の漁獲量は琵琶湖全体とは異なり，1970年代中頃から1980年代初めにピークを迎え，その後減少している。これは漁ののべ日数とほぼ合致する（図4-4）。1970年初頭に始まった琵琶湖総合開発の直前に，フナ漁人口はそれまでの5人から11人に増えている。一方，1回の漁で得られる漁獲量は1980年代初頭から中頃にずれている。当時を知る漁業者への聞き取りでは，この時期に漁網の目合いが変わり，以前より小さい魚も漁対象にできるようになったという。資源量が不足した中でさらに小さな魚を捕るとは，いよいよ資源の枯渇が懸念される。

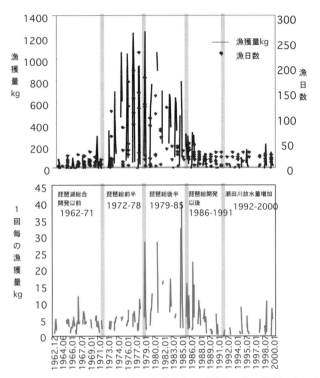

図4-4　北船木におけるフナ漁の漁獲量および操業日数の変遷（上）と
1回あたりの漁獲量（下）

　北船木の漁業において，水位変動に関する漁業への他の影響についても知ることができた。北船木の漁業の中心は簗とエリ（定置網）で捕るアユ漁である。特に全国に放流する苗アユの水揚げは収益も高い。そのため安曇川の簗漁の豊不漁が一番の関心事となる。北船木漁業協同組合の総会議案には，アユ漁の総評が書かれている。

　アユ漁の不漁は1975年頃から10年間に集中している。原因は，琵琶湖総合開発が開始された1972年以降，安曇川の水面が琵琶湖に到達するまでに断流が引き起こされるようになったことにある。漁期にかかる4月から8月までの琵琶湖の積算水位の経年変化と比べると，琵琶湖総合開発開始ごろから大幅な水位低下が認められる（図4-5）。同時期に港や蓄養池の浚渫事業も繰り返し

第 4 章 水辺に生きる人間と自然の共役史　69

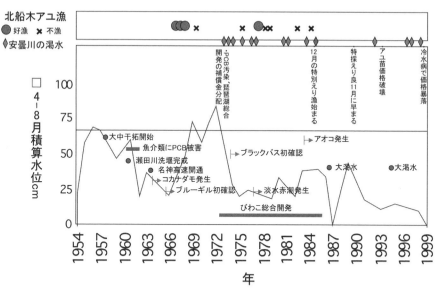

図 4-5　北船木漁業協同組合総会議案に記載されている水位低下および苗アユ漁に関する出来事と琵琶湖の 4-8 月の積算水位との関係

ており，安曇川の断流もおそらく琵琶湖の水位低下が原因であろう．

　奇妙なことに，安曇川の断流は琵琶湖総合開発終了以降も断続的に続くにもかかわらず，その後議案書に不漁との評価は記載されていない．実はこの間にアユ漁と漁業者の収益に大きな変化があった．収入源である苗アユは，友釣りの放流を目的として他府県の漁協や養殖業者に売られる．釣り用の放流魚であるため，魚は体の大きさよりも匹数が重要になる．したがって苗アユは，体が小さい方がキロ単価は高い．

　アユは晩秋に産卵し，稚仔魚は 11 月頃に発生する．早いうちに捕れば収益が上がるが，琵琶湖ではアユ漁は 1 月から 7 月までの期間に定められていた．ところが，漁業者が不漁にさいなまれていた琵琶湖総合開発期の 1985 年 12 月から，苗アユ漁の特別採捕が滋賀県より認可された．さらに 1989 年には 11 月からの操業が認められ，早期エリ漁が行われるようになったのである．この時期の苗アユは，キロ 3 千円から 4 千円（1990 年代当時）の値がつく．これは安曇川に遡上してくる 6 月のアユの単価の約 4 倍に相当し，漁協の収益も飛躍

的に増え以後不漁はなくなった。

　以上のように開発に伴う琵琶湖の水位変化によって，フナ類は繁殖場所が減少し，アユの遡上が阻害されるなど魚類に甚大な影響を与えた。それは漁業へも波及した。そこで，より小さな魚を採れる漁網に目合を変えたり，収益の高い魚を採れるように規制を緩和したことで問題は解消された。ただし，それは従来の漁が衰退したまま，代替的な漁法で対処したにすぎない。現にフナ漁も苗アユ漁も収入は下がっている。湿地生態系における自然の季節性を回復しなければ，根本的な解決にはならず，漁業や食文化もいずれ途絶えてしまうだろう。

VII. ラオスにおける水田で営まれる稲作と漁撈

　次に熱帯モンスーン地域の農業へ舞台を移す。ラオス国サバナケット県ソンコン郡にあるラハナム村はメコン川の支流であるバンヒャン川，ノイ川，チャンポン川の3河川が合流する低地帯に位置する（図4-6）。集落はバンヒャン川の自然堤防上にあり，その自然堤防から後背湿地にかけての緩やかに下る斜面に水田は作られている（図4-7）。

　熱帯モンスーン地帯では気温はほぼ年中一定であるが，降水量は雨季と乾季で差が激しい。低地の水田は水はけが悪く，毎年のように雨季の洪水で流される。しかし，干ばつ時には低地の水田に水が残るので収穫できる。村人は自然堤防から後背湿地へ向かって短冊上に水田を所有している（富田，2013）[14]。予測できない自然に対し，高地から低地にかけて水田を所有することですべての水田で収穫は望めなくても，食いはぐれないようにする危険分散のように当初は思われた。

　しかし，それだけでもないらしい。低地の水田は雨季に数m冠水した後水が引くと，イネは株1つ残らずに流されている。しかし，悲観する村人は見たことがない。村人は魚捕りとカスミ網を使った野鳥狩りに勤める。洪水の後は大きな魚が捕れるため，買い付けにベトナムから来る人もいるらしく，よい現金収入になるという。また，水が不足したとき高地の水田ではコオロギやフン

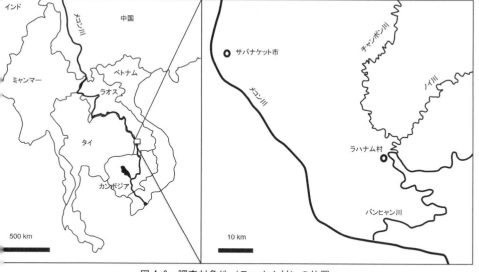

図4-6 調査対象地（ラハナム村）の位置

コロガシを集める。水田は米も作るが，様々な食料を得る場所と考えられている。

　水田に対する考え方の違いは他にもある。日本ではイネを植えるところが水田であるが，ラオスでは水田ばかりでなく用水路やため池もイネを植える。緩やかな棚田のように見えたものはスウィ（小規模な河川）であったりした。村人は肥料も農薬も使わない。雑草抜きもほとんど行わない。自然まかせに採れるものをとる。さまざまな水域にイネを植えることも，自然変動に備える安定化戦略なのかもしれない。

　もう1つ驚いたことは，雨季にもかかわらず水が入っていない水田がしばしば見られたことである。これは，水田の下流出口を常に開けているからである。当初管理が散漫なためと考えていたが，そうではないらしいことがわかった。日本では降水や上流から流れてくる水を受け止め水田に溜める。しかし，メコン流域では水はゆっくりと下流から上昇してくる。水田の水の出口と思われたところは入り口でもあったのである。ラオスの水田と日本の水田は別物であるということを強く意識した経験であった。しかし，1990年代頃からバンヒャ

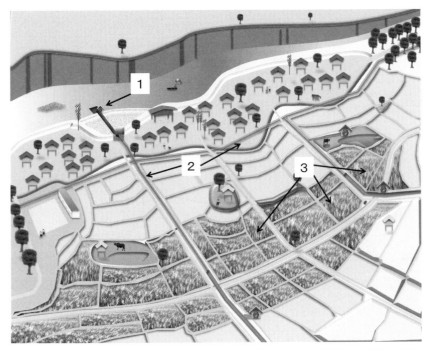

図4-7 ラハナム村(乾季)の土地利用の概観図. 低地の水田のみ灌漑して二期作を行う
1:灌漑用ポンプ, 2:コンクリート用水路, 3:二期作水田

ン川からポンプで揚水する灌漑施設が導入された。それにより乾季に田植えをする二期作水田が増えてきた。乾季は洪水に見舞われることがないため,村人は安定した米の生産を行えるようになった。

Ⅷ. メコン河流域におけるタイ肝吸虫症

タイ肝吸虫(*Opisthorchis viverrini*)症は,メコン流域に近いタイ,ラオス,ベトナム,カンボジアで感染者が約10万人いる深刻な感染症である(WHO, 1995)[15]。この寄生虫は,最初に水辺で*Bithynia*属の巻貝(日本のマメタニシに似ている。以下は1種のため貝と略する)に取り付き,その後コイ科魚類へと寄生する。そして寄生された魚を人間が生で食べると,腹内の胆管に寄生す

る（Kaewkes, 2003）[16]。数年から十数年と長く人体に潜伏し胆管がんを誘発する。タイ北部および東北部やラオスでは淡水魚を生食することが好まれ、未だに感染者は増えている。ラハナム村でのタイ肝吸虫症の感染率は28.4%である[17]。

　第一中間宿主の貝は水田や用水路，ため池などの流れの少ない浅い水域に生息する（Petney *et al.*, 2012）[18]。野外での貝の寄生虫感染率は，通常1%にも満たない。ところが，一度この貝に取り込まれると，貝は寄生虫の幼生を毎日数10から100個体も生涯放出し続ける。タイ肝吸虫にとって水中に放出した卵が，いかにして貝の体に取り込まれるかは生活環をつなぐ重要な鍵である。そのため，貝が多く存在，生産される水域がどのような場所であるかを明らかにするため調査を行った。

IX. 貝の生息場所と生活史

　ラハナム村周辺の水田，池，用水路，小川で貝の定量採集を行った。この調査は，近年ラオスで著しく拡大する乾季作水田と近代的用水路が貝に及ぼす影響を明らかにすることもねらいとしていた。そこで，水田は，作付け法によって一期作と二期作の2つに分類し，灌漑用水路は伝統的な素堀水路とU字型のコンクリート水路の2つに分類して調査地点を設定した。

　貝の調査は，2011年の2月，6月，7月，9月および11月の計5回行った。水域の物理・化学環境の測定をした後に水域に$2m \times 2m$の方形区を設定し，たも網を使って貝を採集した。採集した貝は全個体を村内に借りた家に持ち帰って，1匹ずつ重量を計測した。その後，全ての貝を個別にケースに入れて24時間置き，タイ肝吸虫の幼生が発生していないか顕微鏡下で観察し貝の感染率を調べた。

X. 水田の近代化が貝にもたらすもの

　調査期間中に採集された貝は，総計3,921個体になった。しかし，タイ肝吸

表 4-2 水域間におけるBithynia貝の

水域タイプ		地点数	個体数密度 (匹/m²)		統計	重量密度 (g/m²)		統計	
			中央値	[最低–最高]		中央値	[最低–最高]		
水田	一期作	5	0	[0–3.61]	*	0	[0–0.08]	*	
	二期作	9	1.89	[0–44.32]		0.01	[0–0.06]		
用水路	素堀	6	2.51	[0–28.8]	n.s. n.s.	0.05	[0–0.12]	n.s.	n.s.
	コンクリート	4	0	[0–0.05]		0	[0–0.001]		
池		10	2.01	[0–8.6]	-	0.05	[0.01–0.13]	-	
小川		3	0.04	[0–0.8]		0.04	[0–0.06]		

統計結果は，比較した群間で＊は有意（p＜0.05），n.s.は有意差がないことをそれぞれ示す．

虫に感染した貝は1匹も発見されなかった。やはり野外での感染率は低いようである。寄生虫学者同様に感染率を求めるならば，もっと大量に貝を採集する必要がある。しかし，生態学的知見を得るための調査法ではこのサンプルサイズでほぼ限界である。採集する数は目的によって違ってくる。水田，用水路，池，小川の4つの水域における貝の生息密度には有意差は認められなかった（χ^2 = 3.65，p = 0.302；表4-2）。しかし，素堀と近代的な用水路を比較すると貝の生息密度は有意に異なり（z = 2.090，p = 0.037），用水路をコンクリート化するとこの貝はほぼ生息しなくなることがわかった。コンクリート型の用水路は流速が早く，また流す時間も限られている。貝は少しの乾燥には土中に潜りしのぐがコンクリートでは不可能である。日本の肝吸虫の宿主であるマメタニシも水路のコンクリート化によって減少し，現在は絶滅危惧種（環境省Ⅱ類）に指定されている。今後，水路のコンクリート化が進むことで貝は水路でみられなくなるかもしれない。

一方，水田は，2つのタイプ間に生息密度に違いはなかった（z＜1.35，p＞0.18）。この結果は予想に反するものであった。二期作水田の方がより多くの貝が生息すると考えたからである。他の水域についても総じていえることだが，年間の水位変動はどの水域も激しく，水が干上がって貝が発見できない，水が多すぎて近づけない（場所がわからない）ということも多々あった。したがって，年平均の比較をする過程で欠損データも多くなり，十分な比較ができなかっ

生息密度および水域の環境

水深（m）		流速（cm/sec）		濁度（NTU）		電気伝導度（mS/cm）	
中央値	[最低–最高]	中央値	[最低–最高]	中央値	[最低–最高]	中央値	[最低–最高]
0.05	[0–0.32]	0	[0–0]	155	[35.1–776]	0.15	[0.059–8.25]
0.16	[0–0.62]	0	[0–31.2]	84.7	[44.3–382]	0.19	[0.158–8.60]
1.31	[0.45–4.25]	0	[0–1.3]	228	[63.1–395]	0.25	[0.056–4.10]
0.52	[0.20–0.91]	2.02	[1.6–2.0]	119	[53.3–133]	0.35	[0.137–40.1]

た。この辺りは日本の小水域を想定した研究手法では難しいことを痛感させられた。

季節ごとにサイズ構成をみたところ，繁殖行動の季節性が推定できた。0.05g以下の個体を生後1週間以内とみなすと，この貝は2月と9月に繁殖のピークを迎えることがわかった（図4-8）。既存の知見によれば，2月の繁殖ピークを見つけたのは筆者らが初めてである。

乾季にもかかわらず繁殖ピークが見られた原因は，二期作水田の発達による可能性が高い。かつて水が満たされることのなかった乾季に稲作が普及してからこの20年の間で，貝は人為的な安定水界に適応した可能性がある。近代的な灌漑システムの拡大が，タイ肝吸虫症リスクに及ぼす影響は水路と水田でまったく反対の効果を及ぼしていた。水路のコンクリート化は，貝のハビタットの分断を引き起こす可能性がある。一方，撹乱のない二期作水田は，貝増殖の強力なホットスポットとなる可能性がある。今後の動向を追跡したい。

以上琵琶湖とラオスの事例から，水辺に生きる人間と自然の影響応答について紹介した。琵琶湖では，治水を目的とした自然変動の制御が魚類の生態に負の効果をもたらした。そのことによって漁業が変化し，また新たな問題を生み出している。沿岸の形状について均質化してきたことで多様な生物が住む生息場所が減ったと同時に，画一的な水位に調整されてしまったこと，自然の変動を受け入れ難くなっている点にこの問題の根本的原因があると考える。

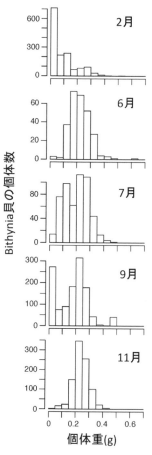

図4-8 Bithynia貝の月別サイズ分布（一番下位の小さな個体は生後1週間の幼齢個体）

一方ラオスでは，現在も自然のダイナミクスを受け入れた生業スタイルが残っているものの，灌漑によって水量を制御する安定的な稲作が広がりつつある。このことは，自然変動を受け入れ適応する人々の価値観を変容させるかもしれない。さらに，風土病ともいえる地域の寄生虫感染症が今後思わぬ形で大きな問題となる可能性もある。水辺の恩恵と災厄について人間はその恩恵を多く得ようとし，災厄を押さえようと自然を改変してきた。しかし，それは新たな問題を生むいたちごっこであり，生態系サービスの劣化はその限界を示唆している。自然を理解し自然の変化を織り交ぜた新たな生活スタイルの模索も必要ではないだろうか。

今日，どうして人間は陸と水の境界に集まって暮らしているのだろうか。それは，様々な答え方があるだろう。オッペンハイマー（オッペンハイマー，2007）[19]は，ホモ・サピエンスがアフリカを出て海沿いに分散ルートを歩んだことに注目した。そして気候変動の激しい時期に，陸域よりも生産性が安定した水域で食料を求めたのではないかと考えた。時代を下って古代都市が形成された頃，人間は水運による物流や交易を行う必要から沿岸域や川沿いを選び都市を多く形成したという。観察された事実をもとに，ある環境条件を理由にして説明を与えたとしても，それは単に仮説を導き出したに過ぎない。

また，人間の行動は一方的に自然環境に左右されるのではない。人間は文化的に獲得されたある価値判断によって，ときに環境条件に適さない行動を選択する可能性もある。さらに，人間は自身が選択する行動が適応的となるように

むしろ自然を改変してしまうことさえある。人間が水辺で「どのように」自然の影響を受け，また自然に働きかけ生きているのかその共役の過程を動的に見つめ，自然と人間の関係誌を記載し続ける必要があると考えている。

XI. 自然の人間の相互作用とそのダイナミクスの記述

　山川出版社の教科書「地理」（田邉，2012）[20]を開けば，はしがきに，地理学は，まず地誌学によって「どのように」を学びそこから「どうして」を一般地理学によって学ぶ，と書かれている。地誌学は，ある地域における自然や人間社会について幅広く扱ういわば総合的な記載の学問である。一般地理学とは，今日の学問体系に則り分類される系統的な学問である。そのため，一般地理学は，まず人文地理学と自然地理学に分けられている（たとえば，大山・大矢，2004）[21]。

　今日，学問体系は方法論がまったく異なる自然科学と人文・社会科学を明確に分け隔てている。広い意味で同じ地理学に属しながら自然と人文の地理学は大きく異なり，また関連する分野も異なる。一方で，地理学は，「自然と人間の関係」を明らかにする学問ともいわれてきた。環境問題や環境史を対象とし，人間活動の自然への影響応答とそれによる人間社会への波及といった相互作用を想定するならば，自然と人間の双方に目を向けることは必然となる。しかしながら，両者の境界領域にある「どうして」を学ぶことは今日でも難しいことである。その原因は，いくつかあるだろうが，第一に両者が隔てられ細分化した歴史が長いために真に双方を扱うような研究を指導できる研究者が研究室を主宰するような土壌が育たなかったからではないだろうか。地理学の取り扱う対象領域は広い。ただし，研究者個々人の研究内容は他分野の研究同様に高度に専門化している。

　ところで，「自然と人間の関係」は，現在多くの学問分野に共通する関心事となっている。筆者が大学院時代に学んだ生態学においても，重要なトピックとして大きな位置を占めるようになった。たとえば，「里山」，「里海」などに代表されるいわゆる二次的な自然を研究フィールドにする研究者は増加傾向に

ある。かつて生態学では，野生生物の種間相互作用や進化を研究する上で人間の影響は誤差要因として排除されてきた。そのために研究者は熱帯の原生林や南極など，それがかなわなくても人間の影響をなるべく受けないフィールドや条件を選んだ。

ところが，現在では，従来原生林とみなされていた場所でさえも人間との関わりに着目した研究がなされている（総合地球環境学研究所，2008）[22]。それは，今日において人間の持続可能性を脅かす地球環境問題に対する不安が，社会一般に浸透したことと深く結びついているのではないだろうか。

温暖化をはじめ，海洋や大気，土壌の汚染，森林や生物多様性の減少など地球環境問題が深刻化し，異常気象や生態系の劣化，新興感染症の出現と拡大といった影響が顕在化している。そして多くの人が人間活動の肥大化によって，今日の環境問題を招いたと考えるようになっている。かつて誰も予想しなかった環境問題が次々と現れ，人間の持続可能性が危ぶまれている。人間は出現以来，生き延びる手段として自然環境に対し働きかけ，環境を作り替えてきた。それに対して自然もまた人間に応答し，人間は問題を克服しようとまた環境を作り替えてきた。

このような絶えることのない人間と自然の相互作用の環の延長線上に，今日の地球環境問題もあるのではないだろうか。そのように考えるならば，私たちは，複雑な人間と自然環境の連鎖を解明せねばならず，その上で，因果の仕組みを人々へ伝え，行動を促せねば問題は解決できない。それは，今日の自然科学的手法と人間への強い関心と理解の双方を備えなければならないだろう。

[注]
1) Google https://earthbuilder.google.com/10446176163891957399-13737975182519107424-4/mapview/，2012
2) ラムサール条約事務局／小林聡史訳『ラムサール条約　その歴史と発展』釧路国際ウェットランドセンター，1993，139頁．
3) 守山　弘『水田を守るとはどういうことか』農山漁村文化協会，1997，205頁．
4) Millennium Ecosystem Assessment 編／横浜国立大学 21 世紀 COE 翻訳委員会責任翻訳『国連ミレニアム　エコシステム評価　生態系サービスと人類の将来』オー

ム社, 2007, 241頁.
5) 琵琶湖自然史研究会『琵琶湖の自然史－琵琶湖とその生物のおいたち』八坂書房, 1994, 340頁.
6) Yuma, M., Hosoya, K., Nagata, Y. : Distribution of the freshwater fishes of Japan : a historical overview. *Env. Biol. Fish*, 52, 1998, pp.97-124.
7) 今西錦司『自然と進化』筑摩書房, 1978, 284頁.
8) Nakanishi, M., Sekino, T. : Recent drastic changes in Lake Biwa. Bio-communities, with special attention to exploitation of the littoral zone. *GeoJournal*, 40, 1997, pp.63-67.
9) 浜端悦治「水位低下時に計測された湖岸植生面積」, 滋賀県琵琶湖研究所所報 13, 1996.
10) Yamamoto, T., Kohmatsu, Y and Yuma, M: Effects of summer drawdown on cyprinid fish larvae in Lake Biwa, Japan. *Limnology,* 7, 2006, pp.75-82.
11) 平井賢一「びわ湖内湾の水生植物帯における仔稚魚の生態 I 仔稚魚の生活場所について」, 金沢大学教育学部紀要 19, 1970, pp.93-105.
12) 前掲 9).
13) 前掲 10).
14) 富田晋介「ラオス中南部における水田開拓過程から見る水環境の形成」, 生態人類学会ニュースレター 18, 2013, p.15.
15) World Health Organization: Control of foodborne trematode infections. *WHO Technical Report Series*, 849, 1995, pp.1-157.
16) Kaewkes, S. : Taxonomy and biology of liver flukes. *Acta Tropica*, 88, 2003, pp.177-186.
17) 2011 年 9 月にマヒドン大学 J. Waikagul 教授が行われた調査による（未発表データ）.
18) Petney, T., P. Sithithaworn, R. Andrews, Kiatsopit, N., Tesana, S., Grundy-Warr, C. and A. Ziegler. : The ecology of the Bithynia first intermediate hosts of Opisthorchis viverrini. *Parasitology International*, 61, 2012, pp.38-45.
19) スティーヴン・オッペンハイマー著／仲村明子訳『人類の足跡 10 万年全史』草思社, 2007, 413頁.
20) 田邉 裕『もういちど読む山川地理』山川出版社, 2012, 284頁.
21) 大山正雄・大矢雅彦『大学テキスト自然地理学 上』古今書院, 2004, 123頁.
22) 総合地球環境学研究所編『大学講義のためのプレゼン教材 生物多様性の未来に向けて』昭和堂, 2008.

第5章　遺跡からみた火山活動と人々の応答

小野映介

I．はじめに

　古来，人々は恵みや災いをもたらす自然現象に敬意と畏怖の念をもって神の名を与え，または擬人化して神話・伝承にとどめた。その代表的なものが火山活動である。ハワイの女神ペレー，ギリシア神話のヘパイストス（図5-1），ローマ神話のウルカヌス。それらには，単に絵空事が述べられているのではなく，自然科学的に解釈できるものも多い。例えば，女神ペレーの伝説は太平洋におけるホットスポットの存在と海山列の形成過程を示唆しているとされる（Vitaliano, 2007[1]; Nimmo, 2007[2]; Frierson, 2012[3]）。さらに，ホメロスの『イリアス』（ホメロス，1992）[4]におけるヘパイストスと河神スカマンドロスと

図5-1　ふいごで風を送って巨人族を攻撃するヘパイストス（左端）
「シフノス人の宝庫」，デルフォイ博物館（田中咲子氏撮影）

の戦いは，火山活動にともなって発生した溶岩流や火砕流が河川を閉塞して河水を蒸発させる様の表現と捉えることができるし，アポロドーロスの『ギリシア神話』（アポロドーロス，1978）[5]における大地（ゲー）とゼウスら神々の戦いは，地中海世界における火山の集中と，その活動の指標としてみることもできよう。

また，時代を下ると火山活動と人々の生活への影響は史料として残されるようになる。なかでも，79年に生じたイタリア南部のヴェスヴィオ山の噴火の様子は，小プリニウスが歴史家タキトゥスに宛てた書簡に克明に記述されており，噴煙の形状，軽石の降下や地震にともなう家屋の倒壊，有毒ガスの発生，海にまで達した火砕流と津波の発生の様子を知ることができる（Özgenel, 2008[6]；Hughes, 2014[7]）。

さらに，過去の火山活動の証拠は地中から発見されることがある。上述のヴェスヴィオ山の麓では，ポンペイやヘルクラネウムといった町が往時の姿を残した状態で，火山噴出物の下から検出されたことは，つとに有名である（Sigurdsson, 1982[8]；横山, 1999[9]；Cioni et al., 2000[10]；Niihori et al., 2007[11]；Cooley et al., 2013[12]）。

一方，日本列島に目を転じてみると，東日本には十和田火山の噴火にともなっ

図5-2　富士山（中央）と八ヶ岳（左）
諏訪湖（右手前）は断層角盆地に位置する．フォッサマグナ周辺は最もアクティブな地形発達が認められる地域の一つである（小野撮影）

て発生したラハール（火山泥流）の動態の様を描いたとされる八郎太郎の伝承が存在するほか（平山・市川，2009[13]；宮橋，2009[14]），『日本書紀』や『日本三代実録』といった正史に加え，各時代の書物や日記の類などに火山活動の記録が散見される。さらに，火山噴出物によって埋もれた遺跡も数多く存在する。

　その大半が湿潤変動帯（吉川，1985）[15]に位置する日本列島には多くの火山が存在し，現在も活動が続いている（図5-2）。特に近年は，九州の桜島・霧島山（新燃岳）・阿蘇山，小笠原諸島の西之島などで噴火活動の活発化が認められる。さらに，2014年9月には長野県と岐阜県にまたがる御嶽山が噴火し，50名以上の登山者の命が失われるという痛ましい事故も生じた。

　世界有数の火山集中地域である日本列島において，過去の人々は火山活動と如何に対峙してきたのか。そこに現在・未来における我々の生き方に関するヒントはないだろうか。本稿では，その問いに対する回答の手がかりを考古遺跡に求めて，既存の研究を整理するとともに考察を試みたい。

II．火山活動は「人間活動の舞台」を如何につくり，変えたのか

　地形を「人間活動の舞台」として捉えた場合，日本列島は極めて不安定な舞台であると言える。当地域は現在も活動的な地形発達の段階にあり，地殻変動，地震，火山活動が繰り返されるとともに，それらと湿潤な気候が相まって土砂の侵食・運搬・堆積が活発に生じている。

　現在，日本列島には110の活火山が存在する（図5-3）。火山噴火予知連絡会によると，活火山とは「概ね過去1万年以内に噴火した火山及び現在活発な噴気活動のある火山」と定義されている。火山が引き起こす災害として想起しやすいのは，火砕流，溶岩流，降灰などである。しかし，図5-4に示したように火山活動によって引き起こされる災害には多くのタイプが存在する（Oppenheimer *et al.*, 2009[16]；Papale, 2014[17]；早川，2014[18]）。それらのうち，火砕流・津波・土砂崩れ・溶岩流・火山ガス・噴石は，人間を即死させる可能性が極めて高い。また，火砕流・土石流・火山泥流は火山周辺の地形を変化させるだけではなく，河川を介した下流域の地形発達，すなわち「人間活動の舞台」

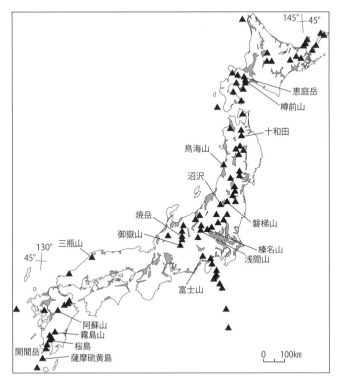

図5-3 主な活火山と完新統の分布（小野作成）

の形成に影響を及ぼす．例えば，約9万年前の阿蘇火山の噴火では，Aso-4火砕流の噴出とその後の河川による下刻によって，北九州の広域に段丘地形が形成された（宇津川・中村，1998）[19]．さらに，御嶽山で約5万年前に発生した「木曽川泥流」は，約200km下流の濃尾平野にまで達し，その分布域に段丘地形を形成している（Quaternary Research Group of Kiso Valley et al., 1964[20]；中村ほか，1992[21]）．こうした火山性の洪水イベントは，約5,400年前の沼沢火山や1915年の焼岳火山群の噴火の際にも生じ，前者は越後平野，後者は富山平野に及んだと考えられている（及川ほか，2001[22]；卜部ほか，2011[23]）．

また，火山噴出物による平野の地形発達への影響も明らかになりつつある．十和田火山起源の十和田中撈テフラ（To-Cu）が降灰した約5,000年前以降は，

災害のタイプ
1. 火砕物密度流（火砕流）
2. 土石流，ラハール
3. 津波
4. 浮遊火山灰
5. 降灰
6. 土砂崩れ
7. 溶岩流
8. 火山ガス，酸粒子の放出
9. 酸性雨
10. 噴石
11. 地震
12. 地盤変動
13. 空気振動
14. 雷
15. 風評

図 5-4 火山活動によって生じる様々な災害
（Oppenheimer and Pyle（2009）をもとに作成）

二次堆積物の流下によって流域一帯で削剥・埋積が進み，三次堆積物による埋積が古八戸湾の消滅と上北平野の形成に大きく関わっていたことが指摘されている（一木ほか，2013）[24]。同様に南九州の平野では火山周辺に堆積した更新世や完新世の火山噴出物が臨海部の地形発達に影響を及ぼし，デルタの前進や浜堤・砂丘の拡大が生じたことが明らかになっている（町田，1993[25]；永迫ほか，1999[26]；森脇ほか，2002[27]）。また，微地形レベルでは，古代に生じた榛名二ッ岳の噴火によって生じた火山砕屑物は荒川の急激な河床上昇を引き起こし，河道の移動（アバルジョン）を引き起こしたとされる（小暮，2014）[28]。なお，火山噴出物の拡散は下流平野に留まらず「漂流軽石」となって広域に及び（白石ほか，1992[29]；沢田ほか，1997[30]；沢田，2003[31]），漂着域の地形形成に影響を及ぼしている。

ところで，火山活動は地形変化をもたらすとともに，植物相にも変化を及ぼすことが指摘されてきた（辻・小杉，1991）[32]。火砕流の直撃を受けた地域では，植物が壊滅的な打撃を受けたことが日本列島各地の「埋没林」の存在から明らかになっている（下山ほか，1994[33]；寺田ほか，1994[34]；渡辺，1995[35]；島根県景観自然課，2000[36]，2002[37]，2003[38]；伊藤・根本，2009[39]）。また，九

州地方では堆積物中の植物珪酸体や花粉分析によって火山噴火が植生へ与えた影響が検討されてきた。その成果の一部は次節で述べるが，火山活動によって火砕流や降灰が生じた地域における植生変化と，その後の遷移の様子が $10^2 \sim 10^3$ 年オーダーで明らかになりつつある（杉山，1999[40]；大木，2002[41]；松下，2002[42]；杉山，2002[43]；宮縁・杉山，2006[44]）。

III. 2つの超巨大噴火

日本列島における現生人類（ホモ・サピエンス）の居住は，後期旧石器時代の前半（約4万年前）までに始まっていたというのが一般的な見方である（松木，2007[45]；工藤，2012[46]）。アウト・オブ・アフリカを果たし，日本列島にたどり着いた人々は，その後，数回の巨大噴火に遭遇することになる。火山噴火の規模は，0から8段階までの火山爆発指数（VIE）（Newhall *et al.*, 1982）[47]で表されるが（表5-1），日本列島では過去約4万年以降にVIE7の超巨大噴火が2度生じたことが明らかになっている。南九州で起こった始良カルデラ噴火と鬼界アカホヤ噴火である。前者は約3万年前（中川・水月湖2006年コアプロジェクトメンバー，2013）[48]，後者は約7,300年前に生じたとされる（福沢，1995[49]；奥野，2002[50]）。既に日本列島の火山活動史は多くの研究よって整理されており（日本第四紀学会第四紀露頭編集委員会，1996[51]；Hayakawa,

表5-1　火山爆発指数

VIE	噴出物	噴煙	活動頻度
0	> 10,000m^3	<100m	
1	> 10,000m^3	100-1,000m	
2	> 1,000,000m^3	1-5km	
3	> 10,000,000m^3	3-15km	
4	> 0.1km^3	10-25km	≦ 10 年
5	> 1km^3	>25km	≦ 100 年
6	> 10km^3	>25km	≦ 1,000 年
7	> 100km^3	>25km	≦ 10,000 年
8	> 1,000km^3	>25km	≦ 100,000 年

Newhall and Self（1982）をもとに作成．

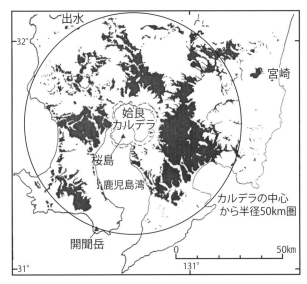

図 5-5　入戸火砕流の分布域（横山（2000）をもとに作成）

1999[52]；町田・新井，2003[53]；奥野，2012[54]；鈴木，2012[55]），現在はその時期や規模についての詳細な検討が進められている段階である。そうした中にあって，上記の2つの噴火は別格の噴火として位置づけられ，世界的にみても有数の大規模な噴火であった。

　現在の鹿児島湾奥部で発生した姶良カルデラ噴火は，入戸火砕流（A-Ito）や姶良Tn火山灰（AT）などを噴出した（町田，1976[56]；長岡ほか，2001[57]；横山，2000[58]；亀山ほか，2005[59]；小林，2014[60]）。火砕流はカルデラから最大で半径100kmの地域に達したほか（図5-5），火山灰は青森県の出来島海岸でも確認されており（町田・新井，2003）[61]，日本列島の広範を覆ったことが明らかになっている（図5-6）。

　一方，鬼界アカホヤ噴火は佐多岬の南西約20kmの鬼界カルデラにおいて生じ，鬼界アカホヤ火山灰（K-Ah）と幸屋火砕流（K-Ky）を噴出させた（町田・新井，1978[62]；前野，2014[63]）。K-Ahの分布域は本州の中部にまで及び，西日本では20cmを超える堆積が認められる（町田・新井，2003）[64]。また，K-Ky

第5章　遺跡からみた火山活動と人々の応答　87

図 5-6　京都市動物園内の発掘調査で検出された AT（小野撮影）

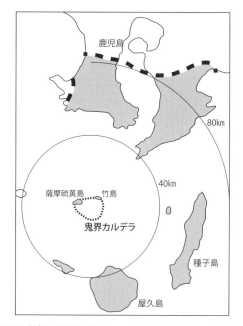

図 5-7　幸屋火砕流の分布域（Maeno and Taniguchi（2007）をもとに作成）

は噴出源から 40 〜 60km の地域に分布する軽石質の堆積物で（図 5-7），分布面積に比較して層厚が薄い堆積物が特徴である（宇井，1973[65]；Maeno et al., 2007[66]）。鬼界カルデラの南方約 30km の屋久島では，その層厚が 2 〜 3m を超える箇所もあるが，大半は 1m 以下である（下司，2009）[67]。

はたして，この2つの超巨大噴火に対して人々はどのように応答したのであろうか。この問いについて，初期の研究では両噴火によって生じた火砕流到達域の末端およびその外縁部で，噴火の前後で物質文化の変容に表象される社会変化が生じたとされてきた。例えば，熊本県狸谷遺跡ではA-Itoの上位と下位で様相の異なるナイフ形石器文化が発見されたが，下位は関東地方の茂呂系石器群が主体で，上位からは九州系石器群が出土している（木崎・隈，1987）[68]。このような遺物の出土事例と周辺の遺跡の状況から勘案し，それまで列島内に均一な石器文化を保持していた旧石器社会は，AT降灰後に地域的まとまりを形成し，西日本，東日本という大きな石器文化圏成立の要因をつくりだしたと解釈された（小田，1991）[69]。

また，鬼界カルデラ噴火については，南九州において平底で円筒形をした縄文土器を保持して生活していた人々が全滅に近い状況に追い込まれ，その後，自然環境が回復してくるにつれて北西九州地方に文化圏を築いていた轟，曽畑様式をもった縄文人が南下してきて南九州のみならず南西諸島に進出し，沖縄本島にまで分布圏を拡大していったとされる（新東，1980）[70]。さらに，この噴火による人々への影響は九州にとどまらず，より広域に及んだとする説もある。鬼界アカホヤ噴火は水蒸気マグマ噴火であったため，細粒の火山ガラス（図5-8）を主体とした多量の火山豆石含んだ火山灰が非常に湿った状態でダンプとして降下堆積して森林がセメントで覆われ，西日本の海岸地帯に多い照葉樹林は大被害を被ったとされており（町田，1993）[71]，人々の生活は変化を迫られたことが示唆される。また，伊勢湾・三河湾に位置する知多半島周辺では縄文早期末葉から前期初頭にかけてハイガイを主体にした貝塚遺跡が多く形成されているが，早期最終末の塩屋式土器段階でハイガイが小形になり，突然貝塚形成が絶えてしまう（山下，1987）[72]。その要因として，K-Ahが水流により湾内へ運搬され海底面を覆ったためハイガイの生育が阻害されたことが推定されている。

このように鬼界カルデラ噴火は，南九州地方の縄文早期終末期の縄文社会を壊滅させるとともに，西日本一帯の貝塚民の環境を大きく変革させ，縄文前期人の広範囲な分布圏形成を促進させた（小田，1993）[73]とする説があるのに対し，

第5章 遺跡からみた火山活動と人々の応答　89

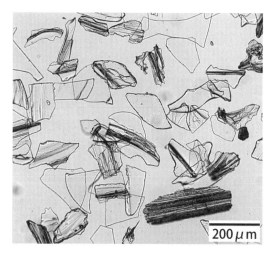

図5-8　鳥取県高住平田遺跡で出土したK-Ahのガラス形態（パレオ・ラボ撮影）

　近年は「壊滅論」や「激変論」に慎重さを求める指摘が多い。また、姶良カルデラ噴火についても同様である。そうした傾向について下山（下山，1992）[74]は、災害は文化に影響を与えるとする考えから発展して、災害が文化に対してどのように影響を与えたのかという具体的なプロセス、そして物質文化の変化の類型を明らかにする方向が指向されつつあるとしている。
　姶良カルデラ噴火については、鹿児島県の前山遺跡や仁田尾遺跡などでA-ItoやATの上位と下位で狸谷型と呼ばれるナイフ型石器が検出され、火砕流の到達域でも人々の全滅は免れた可能性が指摘されている（鹿児島県立埋蔵文化財センター，2007[75]，2008[76]）。一方で、それらの遺跡ではA-ItoやATの上位から剥片尖頭器が新たに出土するようになることから、新来集団の存在も推定されている。さらに、佐賀県の地蔵平遺跡においては、ATの直上および直下からナイフ形石器が出土しており、それらの形状に大きな差異を認めがたいことから、少なくとも北部九州においてはATの降下による人々の壊滅的な被害がなかったと考えられている（佐賀県教育委員会，2012）[77]。
　また、鬼界アカホヤ噴火の際に火砕流が及んだ地域では照葉樹林やタケ亜科などが絶えて草原植生に移行し、約600～900年間は照葉樹林が回復しなかっ

たが，火砕流の到達限界付近では照葉樹林が絶えるほどの影響を受けなかったとする説があるほか（杉山，2002）[78]，火砕流が及んだ地域でも 100 ～ 300 年で照葉樹林が回復したとする説もある（松下，2002）[79]。さらに南九州では土器編年と ^{14}C 年代測定値，鬼界アカホヤ噴火の年代との対応関係の見直しが行われている（桒畑，2013）[80]。それによると，K-Ah 降灰域では降灰時期を挟んで一連の条痕文系土器群（轟 A 式土器および西之薗（にしのその）式土器）が検出されており，こうしたモノの不変は，人々の生活に変化がなかったことを示唆する。

IV. 遺跡からみた火山活動と人々の応答

日本列島では，姶良カルデラ噴火と鬼界アカホヤ噴火のように VIE7 に及ばないまでも，各地で火山活動が生じ，人々に影響を及ぼしてきた。ここでは，考古遺跡で確認されている火山活動に対する人々の応答について整理してみたい。

東北地方の遺跡では縄文時代中期初頭に円筒下層 a 式の土器が出現するが，この時期が青森県と秋田県の境界に位置する十和田火山の約 5,000 年前の噴火と十和田中撫（ちゅうせり）火山灰（To-Cu）の噴出時期と一致することから，火山活動による危機的な状況が新たな型式の土器を生み出したとする説がある（辻，2009[81]；山本，2010[82]）。

また，火山活動に伴って発生した火砕流の痕跡については，列島各地の遺跡で確認されている。例えば，島根県に位置する三瓶山（さんべ）は約 3,900 年前の縄文時代後期に噴火活動が認められ（加藤ほか，1998）[83]，その際に生じた三瓶太平山火砕流は給源から直線距離にして 55km 離れた神戸川沿いの集落を襲ったが，その温度は 500℃を超えており，人々の生存は不可能であったと推定されている（沢田ほか，2000）[84]。また，伊豆諸島の三宅島に位置する坊田（ぼうた）遺跡では，弥生時代の住居址が八丁平（はっちょうだいら）カルデラ形成直後の平山噴火（約 2,050 年前）の際に生じた数回の火砕流堆積物によって埋積されており，人々が度々被害を受けた可能性が指摘されている（新堀ほか，2008）[85]。

これら，縄文～弥生時代における火山活動に対する人々の応答については，

始良カルデラ噴火と鬼界アカホヤ噴火と同様に不明な点が多い．しかし，時代が下るとその様子が具体的に明らかになってくる．特に浅間山・榛名山・草津白根山・赤城山などの火山が集中する群馬県周辺では，過去の火山活動による被災状況や復興の様子が詳細に検討されている．

浅間C軽石を噴出した噴火は，遺物の編年から古墳時代初め（3世紀後半）に生じたとされており，水田の検出状況から稲刈りを終えた晩秋であったことが明らかになっている（群馬県埋蔵文化財調査事業団，2013）[86]．水田は被災からあまり時間のたたないうちに以前の区画を踏襲して復旧されており，必要最小限の改変で被災前の水田を維持しようとした意図を読み取ることができる（能登，1989）[87]．さらに，6世紀の初め頃と中頃には榛名山で大規模な噴火が生じ，前者は榛名二ツ岳渋川テフラ（Hr-FA），後者は榛名二ツ岳伊香保テフラ（Hr-FP）を噴出している．6世紀の初め頃の噴火は水蒸気爆発と火砕流が繰り返されるとともにラハールが発生し，群馬県の元総社北川遺跡や有馬条里遺跡では家屋や田畠が埋没したが，大規模な地形変化にも迅速に対応して復旧が進められたことが明らかになっている（早田，1989[88]；坂口，2013[89]）．また，6世紀中頃の噴火では軽石の降下とラハールが広域に及び，日本のポンペイと呼ばれる黒井峯遺跡などで集落や田畠の埋没が生じた．その際の対応は大きく2つに分かれ，被災状況に応じて集落，水田，畠，放牧地として土地利用の継続や転換を考えて復旧したムラ，黒井峯遺跡周辺のように被災後に放棄されたムラが存在する（群馬県埋蔵文化財調査事業団，2013）[90]．

さらに時代が下ると，火山活動による被災状況は遺跡に加えて文献史料から読み取ることができる．浅間B軽石を噴出した噴火は，藤原宗忠による『中右記』の記事から1108年（天仁元年）に生じ，砂礫や熅燼によって上野国内の田畠が壊滅状態になったことがわかる（早田，1993）[91]．史料に対応した田畠を埋める軽石層と復旧状況は，群馬県の下芝五反田遺跡や西田遺跡で検出されている（群馬県埋蔵文化財調査事業団，2013）[92]．この火山災害と復旧によって，古代国家最後の段階である王朝国家が依存していた律令的な収取機構は打撃を受け，広範に成立した私領の自己展開は，地方豪族と中央権門の結合のもとに荘園制という大土地制度をもたらしたとされる（峯岸，1993）[93]．

また『日本三大実録』には，都から遠く離れた南九州の開聞岳の噴火（874年）の様子が記されている。この噴火の痕跡は鹿児島県の橋牟礼川遺跡において確認されており，遺構の検出状況と史料の記述内容から，遺跡周辺では火山礫・スコリアの降下によって家屋の倒壊が生じた後，ラハールが村を襲ったことにより，穀物の枯死や河川に生息していた魚類が死滅したことなどが明らかになった（鎌田ほか，2009）[94]。この噴火によって壊滅的な被害を受けた村が長期間放置され，新規流入者によって新たな村が形成されたが，災害に対する人々の反応，すなわち復旧か放棄かという選択は，災害の規模と当時の社会体系によって規定されるとされている（下山，1992）[95]。

このような災害規模と人々の反応は，長野県の善光寺平でも認められる。これまで述べてきた火山活動とはやや性質が異なるが，887年の南海・東海同時地震によって八ヶ岳天狗が崩壊して土砂が千曲川上流をせき止め，それが10カ月後に決壊して佐久平や善光寺平に大洪水が襲った（早川，2011）[96]。この八ヶ岳の山体崩壊を起源とする洪水堆積物は「平安砂層」と呼ばれており，善光寺平の広域で確認されている。とくに，更埴条里遺跡・屋代遺跡群では約1.5mの「平安砂層」によって代掻き直後の水田が埋没し，大規模な再開発の手が加えられるには，中世を待たねばならなかったとされる（川尻，2008）[97]。

V．十和田915年噴火にみる人々の応答

ここでは，日本列島で過去2,000年間に起きた火山噴火で最大級とされる十和田火山の915年噴火（早川・小山，1998）[98]を取り上げて，人々の応答を空間的に示したい。

先に記した八郎太郎の物語は，この噴火をもとに創作されたと考えられており（平山・市川，1966）[99]，その舞台は青森県と秋田県の県境に位置する十和田火山（十和田湖）から米代川水系の盆地群を下って日本海側の八郎潟に至る広大な範囲に及ぶ。その範囲は，十和田火山の915年噴火の噴出物（とくにラハール堆積物）の分布と一致していることから，物語は火山活動にともなうラハールの挙動をもとに創作されたものと推察できる。また，この噴火の記録は

第5章 遺跡からみた火山活動と人々の応答 93

図 5-9　十和田カルデラ（十和田湖）と浅瀬石川（小野撮影）

京都延暦寺の僧侶によって記された『扶桑略記』に見られるほか，多くの遺跡において痕跡を認めることができる。

十和田火山の 915 年噴火の際には，十和田 a 火山灰（To-a）が噴出されるとともに十和田カルデラ南部で毛馬内火砕流が発生し，噴火口から 20km 以内のすべてを破壊しつくしたとされる（Hayakawa, 1985）[100]。また，カルデラ南西に広がる米代川水系においてラハールによる当時の建物の埋積が認められる（秋田県教育委員会，1968[101]，1969[102]）。さらに，この噴火は人々の移動を引き起こすとともに，東北地域の物質文化の変化に影響を及ぼしたとされる。噴火によって十和田カルデラ東部の奥入瀬川流域で集落が急減し，そこから東へ離れた三本木原周辺〜小川原湖湖沼群南部および野辺地湾周辺〜小川原湖湖沼群北部で急増することから（丸山，2011[103]，2012[104]，2013[105]），降灰による生活域の変化によって人々の移動が生じたことが推測される。

一方，十和田カルデラの南西に広がる津軽平野への噴火の影響については，これまでほとんど議論されてこなかったが，近年，遺跡の大規模発掘調査が相次いで行われた結果，様々なことがわかってきた。十和田カルデラの外輪山を源とする浅瀬石川（図 5-9）は津軽平野北部で扇状地を形成しているが，同地

図 5-10　青森県十三盛遺跡のトレンチ断面（小野撮影）

域からは垂柳遺跡や田舎館遺跡をはじめとした弥生時代以降の水田遺構が検出されている（青森県埋蔵文化財調査センター，2009）[106]。田舎館遺跡の約 1km 西に立地する前川遺跡では弥生時代の水田の上位から平安時代の水田が検出されているが，平安時代の水田面は To-a を含む層厚約 40cm のラハール堆積物によって埋積されている（柴，2009[107]；柴・鴨野，2010[108]）。同遺跡では水田復旧の様子は認められないが，遺物や遺構の検出状況より，被災後も集落は継続したと判断できる（青森県埋蔵文化財調査センター，2009）[109]。

このように十和田火山の 915 年噴火は，浅瀬石川扇状地に災害をもたらしたが，津軽平野南部のデルタでは様相が異なる。この地域は縄文海進以降に岩木川水系（浅瀬石川・平川など）による土砂の運搬・堆積作用によって内湾が埋め立てられて陸化したが，平安時代に入っても泥炭が卓越する湿地であった。そのため，人々の居住の痕跡はほとんど認められなかったが，十和田火山の 915 年噴火後にラハール堆積物の流入が生じ（図 5-10），湿地から砂地へと変化して微高地上に多くの集落が進出するというエクメネの拡大現象が生じた（小野ほか，2012）[110]。これは，火山噴火による地形変化が必ずしも人間活動にとって負の方向に働くだけではないことを示す事例である。

なお，一般的に東北地方では 9 世紀後半以降に集落が急増するが，10 世紀

中ごろから集落数は減少しはじめるとともに台地上に高地性防御集落が出現するとされる（川尻，2008）[111]。しかし，上述したように津軽平野のデルタでは10世紀後半に沖積低地への集落の進出が認められる。東北地方における沖積低地の遺跡発掘事例は少ないことから，集落の増減については，その点を考慮した注意深い議論が必要となろう。

VI. 火山災害を見つめなおす

　火山災害を受けた直後の空間を分類すると，人々が生存不可能な地域と生存可能地域に大別され，さらに被害の程度に応じて復旧不可能な地域と復旧可能な地域に分けられる。物理的に生存が不可能な地域は，火山噴出物の量や質の分布状況から，ある程度の推測が可能である。ここで問題としたいのは，復旧不可能な地域で生存した人々が被災後にとった移住行動と，復旧不可能であった地域への人々の再移入行動に関わる問題である。物質文化の変容からみた火山災害後の人々の移動について，以上に列挙した考古学的事例をまとめると以下の通りになる。復旧不可能な地域で生存した人々の移住行動は，①同質文化圏への移動，②他の文化圏への移動，③文化圏の存在しない未開地への移動，に分けられる。①と②の場合，旧居住者と新居住者の間で協調や対立によって物質文化に変化が生じる可能性がある。また，③の場合には新たな自然環境への適応過程で物質文化に変化が生じることもあろう。一方，かつて復旧不可能となった地域への人々の移入は，①同質文化圏内からの移動，②かつて被災地域からの移住者が流入した他文化圏からの移動，③被災地域からの移住者の流入がなかった文化圏からの移動，④文化圏の存在しない未開地へ移動していた旧居住者の再移動，に大別できる。

　こうした人々の移住の履歴は，遺跡における遺物の検出状況に現れる。もちろん，人の移動の指標となる物質文化（＝土器型式）は，様々な要因で変化する。そのことを考慮しながら，上記のような視点で遺跡の層序と遺物の検出状況を精査し，空間軸と時間軸を編み上げていくことが，火山活動と人々の応答を明らかにするうえで必要な視点である。

さらに火山災害の被害の範囲や程度，すなわち「人間活動の舞台の損傷の度合い」を解明するには，遺物の編年に対応する精度，少なくとも＜10^2年での地形・植生変遷の復原が求められる。従来，日本列島の段丘や沖積低地の地形発達史については，最終氷期以降の気候と海面変動を軸とした「貝塚モデル」（貝塚，1998）[112]を念頭に10^3年オーダーの地形発達モデルが組み立てられてきた。今後は火山の噴火や山体崩壊を土砂生産イベントとみなし，その運搬・堆積を地形発達史および植生変遷史を規定する要因として位置づけることによって，これまでよりも空間・時間的に高精度の生態系の変遷史を編む必要がある。

　火山活動と人々の対応をめぐっては，近年，興味深い考察が相次いで提示されている。おそらく，人類が日本列島に至る以前，約7万4,000年前に生じたVIE8に相当するインドネシアのトバ火山の噴火（Gatti, 2013）[113]は，地球的な寒冷化をもたらし，人類の増加・拡散を鈍らせたとされている（Stanley, 1998[114]; Robock, 2000[115]）。また，同じインドネシアでは1815年にタンボラ火山が噴火したが，それによって寒冷化が生じ，世界各地の農作物に壊滅的な被害をもたらしたとされる（Oppenheimer, 2003）[116]。さらに，かねてより問題とされてきた地中海におけるサントリニ島の火山噴火とミノア文明の衰退の関係（Renfrew, 1979）[117]，現在の中朝国境に位置する白頭山の噴火と渤海の滅亡の関係（町田，1992）[118]について，客観的な検証がなされるようになった（Pareschi, 2006[119]; Panagiotaki, 2007[120]; 奥野ほか，2010[121]; 秋ほか，2011[122]）。これは興味深い現象で，従来は「環境決定論的」として詳細な検討すらされなかった事象が，学問において最新の話題として取り上げられるようになったのである。それには，近年における地球規模の自然環境問題の顕在化や多発する自然災害，それらに対する人間の無力さの自覚という社会的な背景が作用していると考えられる。

　ここまで述べてきたように，日本列島に生きた人々は幾度も火山災害を受けてきた。巨大な都市を形成し，科学技術も進展した現在において，火山災害は過去の話に過ぎないのだろうか。答えは否である。現在，日本列島という「不安定な舞台」に1億2,000万人以上が集住して生活を送っている。こうした居住環境は，他の経済先進国と比較しても特異であり，自然災害に対して大きな

リスクを有している。日本における大規模自然災害の発生は，個人の生命や財産を脅かすだけでなく，高度に発達したインフラストラクチャーの被災によって，社会・経済が混乱し，国家として機能不全に陥る可能性があるという点において，著しい脆弱性が存在する。すなわち，「持つもの」が故の脆弱性というリスクの構造を呈している。しかし近代以降，国民の大半がそうした問題を直視せず，あらゆる事柄に利便性を求め，富を享受しようとする世の中を作り上げてきた。

そうした中で東日本大震災が発生し，リスクが露呈した。それにもかかわらず，復旧の在り方は相も変わらず即物的で思想が欠如している。自然災害は一部の政治家・役人・学者を焼け太りさせるために起きるのではない。寺田寅彦の言葉を借りるまでもなく，人間とは忘れやすいものである。また，忘れることによって生きているのかもしれない。しかし，1万8,000人を超える死者・行方不明者を出しながら，以前と同様の世の中をつくろうとする人々が存在することには，驚きとともに失望すら感じる。

火山活動に話を戻そう。今後，日本列島で巨大カルデラ噴火が生じる可能性は確率論的に決して低いものではなく，噴火が生じれば被災者は数十万人規模になるとされる（巽・鈴木，2014）[123]。そうした事態に向けて，我々はどのように自然と向き合うべきなのか。そして，どのように住まうべきなのか。過去は現在・未来を読み解く鍵である。過去の被害状況，復興とその際に生じたであろう問題を読み解き，その教訓をもとに，今一度，我々の置かれている状況を地球史・人類史の立場から俯瞰する必要がある．そのうえで「自然災害とともに生きる思想」を構築して実践につなげていくことが，我々研究者の使命であると考える。

[注]

1) Vitaliano, D. B.: Geomythology: geological origins of myths and legends. Piccardi, L. and Masse, W. B. (eds) *Myth and geology*. Geological society, London, Special Publications, 273, 2007, pp.1-7.

2) Nimmo, H. A.: PELE, *Volcano Goddess of Hawai`i A History*. McFarland. McFarland & Company, Inc., Publishers, 2007, 239p.

3) Frierson, P.: *The Burning Island*. Trinity University Print, 2012, 267p.
4) ホメロス著／松平千秋訳『イリアス　下』岩波書店，1992，510頁．
5) アポロドーロス著／高津春繁訳『ギリシア神話』岩波書店，1978，296頁．
6) Özgenel, L.: A tale of two cities : In search for ancient Pompeii and Herculaneum. *METU Journal of the Faculty of Architecture*, 25, 2008, pp.1-25.
7) Hughes, J. D.: *Environmental Problems of the Greeks and Romans (2nd edition)*. Johns Hopkins University Press, 2014, 306p.
8) Sigurdsson, H., Cashdollar, S. and Sparks, S. R. J.: The Eruption of Vesuvius in A. D. 79: Reconstruction from Historical and Volcanological Evidence. *American Journal of Archaeology*, 86, 1982, pp.39-51.
9) 横山卓雄「A.D.79年のヴェスビヴィオ火山噴火と古代ポンペイ都市の壊滅」，第四紀研究 38，1999，271-286頁．
10) Cioni, R., Gurioli, L., Sbrana, A. and Vougioukalakis, G.: Precursors to the plinian eruptions of thera (late bronze age) and vesuvius (AD 79) : Data from archaeological areas. *Physics and Chemistry of the Earth, Part A: Solid Earth and Geodesy*, 25, 2000, pp.719-724.
11) Niihori, K., Nagai M., Kaneko T., Fujii, T., Nakada, S., Yoshimoto, M., Yasuda, A. and Aoyagi, M.: Detailed Stratigraphical and Geological Characteristics of Volcanic and Epiclastic Deposits Burying a Roman Villa on the Northern Flank of Mt. Vesuvius (Italy). 東京大学地震研究所彙報 82，2007，pp.119-178.
12) Cooley, A. E. and Cooley, M. G. L.: *Pompeii and Herculaneum (second edition)*, Routledge, 2013, 352p.
13) 平山次郎・市川賢一「1,000年前のシラス洪水－発掘された十和田湖伝説－」，地質ニュース 140，1966，10-28頁．
14) 宮橋裕司『民話が語る自然科学　見つめなおす郷土の風景』慶應義塾大学出版会，2009，255頁．
15) 吉川虎雄『湿潤変動帯の地形学』東京大学出版会，1985，132頁．
16) Oppenheimer, C. and Pyle, D. M.: Volcanoes. Woodward, J. C. (ed.) : *The Physical Geography of the Mediterranean*. Oxford University Press, 2009, pp.435-468.
17) Papale, P. and Shroder, J. F. (eds.) : *Volcanic Hazards, Risks and Disasters*. Elsevier, 2014, 532p.
18) 早川由紀夫「火山災害の種類とリスク」，地理 59-5，2014，14-25頁．
19) 宇津川徹・中村浄志「北九州の段丘地形とAso-4火砕流堆積物」，ペドロジスト 42，1998，44-56頁．
20) Quaternary Research Group of Kiso Valley and Kigoshi, K. : Radiocarbon date of Kisogawa volcanic mudflows and its significance on the Würmian chronology of Japan.

Earth Science, 71, 1964, pp.1-7.
21) 中村俊夫・藤井登美夫・鹿野勘次・木曽谷第四紀巡検会「岐阜県八百津町の木曽川泥流堆積物から採取された埋没樹木の加速器 ^{14}C 年代」, 第四紀研究 31, 1992, 29-36 頁.
22) 及川輝樹・石崎泰男・片岡香子「焼岳火山群の大規模ラハール堆積物と火砕流堆積物」, 地質学雑誌 116, 2001, 49-61 頁.
23) 卜部厚志・藤本裕介・片岡香子「越後平野の沖積層形成における火山性洪水イベントの影響」, 地質学雑誌 117, 2011, 483-494 頁.
24) 一木絵理・松本優衣・辻誠一郎・中村俊夫「縄文時代の急激な環境変動期における生態系復原と人間の適応:八戸・上北地域におけるボーリングコアの ^{14}C 年代測定」, 名古屋大学加速器質量分析計業績報告書 24, 2013, 29-34 頁.
25) 町田 洋「火山噴火と環境」, (新井房夫編『火山灰考古学』古今書院, 1993, 所収), 207-224 頁.
26) 永迫俊郎・奥野 充・森脇 広・新井房夫・中村俊夫「肝属平野の完新世中期以降のテフラと低地の形成」, 第四紀研究 38, 1999, 163-173 頁.
27) 森脇 広・松島義章・町田 洋・岩井雅夫・新井房夫・藤原 治「鹿児島湾北西岸平野における縄文海進最盛期以降の地形発達」, 第四紀研究 41, 2002, 253-268 頁.
28) 小暮岳実「荒川低地へ向かった後期完新世の利根川旧流路－妻沼低地における旧流路の復元－」, 地学雑誌 120, 2014, 585-598 頁.
29) 白石建雄・新井房夫・藤本幸雄「秋田県男鹿半島における西日本起源の漂流軽石・降下火山灰の発見とその意義」, 第四紀研究 31, 1992, 21-27 頁.
30) 沢田順弘・中村唯史・楳田禎久・Sun Yoon・徳岡隆夫「島根県太田市の掘削コアから発見された鬱陵島の完新世初期火山活動由来の漂着軽石」, 第四紀研究 36, 1997, 1-16 頁.
31) 沢田順弘・片岡善貞・徳岡隆夫・中村唯史「島根県出雲大社,稲佐海岸に漂着した姶良カルデラ由来軽石を含む多量の軽石」, 島根大学地球資源環境学研究報告 22, 2003, 141-148 頁.
32) 辻 誠一郎・小杉正人「姶良 Tn 火山灰（AT）が生態系に及ぼした影響」, 第四紀研究 30, 1991, 419-426 頁.
33) 下山正一・渡辺一徳・西田民雄・原田大介・鶴田浩二・小松 譲「Aso-4 火砕流に焼かれた巨木－佐賀県上峰町で出土した後期更新世樹木群－」, 第四紀研究 33, 1994, 107-112 頁.
34) 寺田和雄・太田貞明・鈴木三男・能城修一・辻 誠一郎「十和田火山東麓における八戸テフラ直下の埋没林への年輪年代学の適用」, 第四紀研究 33, 1994, 153-164 頁.

35) 渡辺一徳「佐賀県上峰町で巨木をなぎ倒した Aso-4 火砕流」，熊本地学会誌 109，1995，2-9 頁．
36) 島根県景観自然課『三瓶埋没林調査報告書Ⅰ』，島根県環境生活部景観自然課・三瓶フィールドミュージアム，2000，122 頁．
37) 島根県景観自然課『三瓶埋没林調査報告書Ⅱ』，島根県環境生活部景観自然課・三瓶フィールドミュージアム，2002，138 頁．
38) 島根県景観自然課『三瓶埋没林調査報告書Ⅲ』，島根県環境生活部景観自然課・三瓶フィールドミュージアム，2003，102 頁．
39) 伊藤昭雄・根本直樹「最終氷期の埋没樹と姶良 Tn 火山灰」，地球科学 63，2009，194 頁．
40) 杉山真二「植物珪酸体分析からみた最終氷期以降の九州南部における照葉樹林の発達史」，第四紀研究 38，1999，109-123 頁．
41) 大木公彦「鹿児島湾と琉球列島北部海域における後氷期の環境変遷」，第四紀研究 41，2002，237-251 頁．
42) 松下まり子「大隅半島における鬼界アカホヤ噴火の植生への影響」，第四紀研究 41，2002，301-310 頁．
43) 杉山真二「鬼界アカホヤ噴火が南九州の植生に与えた影響－植物珪酸体分析による検討－」，第四紀研究 41，2002，311-316 頁．
44) 宮縁育夫・杉山真二「阿蘇カルデラ東方域のテフラ累層における最近約 3 万年間の植物珪酸体分析」，第四紀研究 45，2006，15-28 頁．
45) 松木武彦『旧石器・縄文・弥生・古墳時代 列島創世記』小学館，2007，370 頁．
46) 工藤雄一郎『旧石器・縄文時代の環境文化史』新泉社，2012，376 頁．
47) Newhall, C.G. and Self, S.: The volcanic explosivity index (VEI) an estimate of explosive magnitude for historical volcanism. *Journal of Geophysical Research: Oceans*, 87, 1982, pp.1231-1238.
48) 中川　毅・水月湖 2006 年コアプロジェクトメンバー「水月湖クロノロジーに基づいた，いくつかの広域テフラの精密な年代決定」，日本第四紀学会講演要旨集 43，2013，132-133 頁．
49) 福沢仁之「天然の「時計」・「環境変動検出計」としての湖沼の年縞堆積物」，第四紀研究 34，1995，135-149 頁．
50) 奥野　充「南九州に分布する最近約 3 万年間のテフラの年代学的研究」，第四紀研究 41，2002，225-236 頁．
51) 日本第四紀学会第四紀露頭編集委員会編『第四紀露頭集－日本のテフラ』，日本第四紀学会，1996，352 頁．
52) Hayakawa, Y.: Catalog of Volcanic Eruptions during the Past 2,000 Years in Japan. 地学雑誌 108，1999，472-488 頁．

53) 町田　洋・新井房夫『新編 火山灰アトラス－日本列島とその周辺』東京大学出版会, 2003, 336 頁.
54) 奥野　充「テフラ編年学の多様な役割：フィリピン, 中国, 韓国, 日本, アリューシャン列島の研究例」, 第四紀研究 51, 2012, 275-284 頁.
55) 鈴木毅彦「北関東・東北地方南部のテフロクロノロジー：現状と展望」, 第四紀研究 51, 2012, 65-78 頁.
56) 町田　洋「広域に分布する火山灰 - 姶良 Tn 火山灰の発見とその意義」, 科学 46, 1976, 339-347 頁.
57) 長岡信治・奥野　充・新井房夫「10 万〜3 万年前の姶良カルデラ火山のテフラ層序と噴火史」, 地質学雑誌 107, 2001, 432-450 頁.
58) 横山勝三「入戸火砕流堆積物の分布北限」, 火山 45, 2000, 209-216 頁.
59) 亀山宗彦・下山正一・宮部俊輔・宮田雄一郎・杉山哲男・岩野英樹・檀原　徹・遠藤邦彦・松隈明彦「姶良カルデラ堆積物の層序と年代について：鹿児島県新島（燃島）に基づく研究」, 第四紀研究 44, 2005, 15-29 頁.
60) 小林哲夫「日本の姶良カルデラとフィリピンのイロシンカルデラの噴火推移の比較研究」, 地学雑誌 123, 2014, 739-750 頁.
61) 前掲 53).
62) 町田　洋・新井房夫「南九州鬼界カルデラから噴出した広域テフラ－アカホヤ火山灰」, 第四紀研究 17, 1978, 143-163 頁.
63) 前野　深「カルデラとは何か：鬼界大噴火を例に」, 科学 84, 2014, 58-63 頁.
64) 前掲 53).
65) 宇井忠英「幸屋火砕流－極めて薄く拡がり堆積した火砕流の発見」, 火山 18, 1973, 153-168 頁.
66) Maeno, F. and Taniguchi, H.: Spatiotemporal evolution of a marine caldera-forming eruption, generating a low-aspect ratio pyroclastic flow, 7.3 ka, Kikai caldera, Japan: Implication from nearvent eruptive deposits. *Journal of Volcanology and Geothermal Research*, 167, 2007, pp.212-238.
67) 下司信夫「屋久島を覆った約 7300 年前の幸屋火砕流堆積物の流動・堆積機構」, 地学雑誌 118, 2009, 1254-1260 頁.
68) 木崎康弘・隈　昭志『狸谷遺跡』, 熊本県教育委員会, 1987, 298 頁.
69) 小田静夫「考古学からみた噴火が人類・社会に及ぼす影響－ K-Ah と AT の噴火－」, 第四紀研究 30, 1991, 427-433 頁.
70) 新東晃一「火山灰からみた南九州縄文早・前期土器の様相」, 古文化論攷, 鏡山猛先生古希記念論集, 1980, 11-23 頁.
71) 町田　洋「大規模な爆発的噴火は自然と人間の歴史を変えたか？」, 第四紀研究 32, 1993, 285-287 頁.

72) 山下勝年「東海地方西部におけるアカホヤ火山灰降下の影響とその時期」, 知多古文化研究 3, 1987, 1-12 頁.
73) 小田静夫「旧石器時代と縄文時代の火山災害」,（新井房夫編『火山灰考古学』古今書院, 1993, 所収), 207-224 頁.
74) 下山　覚「火山災害の評価と戦略に関する考古学的アプローチー指宿牟礼川遺跡の事例から－」, 第四紀研究 41, 1992, 276-286 頁.
75) 鹿児島県立埋蔵文化財センター編『前山遺跡』, 鹿児島県立埋蔵文化財センター, 2007, 282 頁.
76) 鹿児島県立埋蔵文化財センター編『仁田尾遺跡』, 鹿児島県立埋蔵文化財センター, 2008, 4 分冊.
77) 佐賀県教育委員会『佐賀県文化財調査報告書　第 196 集　嘉瀬川ダム建設に伴う埋蔵文化財発掘調査報告書』, 佐賀県教育委員会, 2012, 273 頁.
78) 前掲 43).
79) 前掲 42).
80) 桒畑光博「鬼界アカホヤテフラ（K-Ah) の年代と九州縄文土器編年との対応関係」, 第四紀研究 52, 2013, 111-125 頁.
81) 辻　誠一郎「縄文時代の生態系変動」, 日本考古学協会 2009 年度山形大会研究発表資料集, 2009, 123-125 頁.
82) 山本直人「縄文時代晩期における気候変動と土器型式の変化」, 名古屋大学文学部研究論集「史学」 56, 2010, 59-67 頁.
83) 加藤めぐみ・福沢仁之・安田喜憲・藤原　治「年縞堆積物によって推定された三瓶大平山火山灰の降灰年代」, 日本第四紀学会講演要旨集 28, 1998, 164-165 頁.
84) 沢田順弘・樫根知夏子・福江美智子・兵頭政幸・三瓶良和「島根県, 神原第 1 遺跡の三瓶火山太平山火砕流堆積物の定置温度見積もり－縄文人は被害を受けたか？－」, 島根大学地球資源環境学研究報告 19, 2000, 3-15 頁.
85) 新堀賢志・杉山浩平・池谷信之・忍澤成視「弥生時代の噴火罹災遺跡からみた八丁平カルデラ形成後の噴火とその影響」, 日本火山学会講演予稿集, 2008, 117 頁.
86) 群馬県埋蔵文化財調査事業団編『自然災害と考古学　災害・復興をぐんまの遺跡から探る』上毛新聞社, 2013, 223 頁.
87) 能登　健「古墳時代の火山災害－群馬県同道遺跡の発掘調査を中心にして」, 第四紀研究 27, 1989, 283-296 頁.
88) 早田　勉「6 世紀における榛名火山の 2 回の噴火とその災害」, 第四紀研究 27, 1989, 297-312 頁.
89) 坂口　一「榛名二ツ岳渋川テフラ（Hr-FA)・榛名二ツ岳伊香保テフラ（Hr-FP) およびそれらに起因する火山泥流の堆積時間と季節に関する考古学的検討」, 第四紀研究 52, 2013, 97-109 頁.

90) 前掲 86).
91) 早田　勉「古墳時代におこった榛名山二ツ岳の噴火」,（新井房夫編『火山灰考古学』古今書院, 1993, 所収), 128-150 頁.
92) 前掲 86).
93) 峯岸純夫「東国古代を変えた浅間天仁の噴火」,（新井房夫編『火山灰考古学』古今書院, 1993, 所収), 111-127 頁.
94) 鎌田洋昭・中摩浩太郎・渡部徹也『橋牟礼川遺跡－火山灰に埋もれた隼人の古代集落－』同成社, 2009, 184 頁.
95) 前掲 74).
96) 早川由紀夫「平安時代に起こった八ヶ岳崩壊と千曲川洪水」, 歴史地震 26, 2011, 19-23 頁.
97) 川尻秋生『日本の歴史　揺れ動く貴族社会』小学館, 2008, 350 頁.
98) 早川由紀夫・小山真人「日本海を挟んだ 10 世紀に相次いで起こった二つの大噴火の年月日－十和田湖と白頭山－」, 火山 43, 1998, 403-407 頁.
99) 前掲 13).
100) Hayakawa, Y.: Pyroclastic geology of Towada volcano. Bull. Earthq. Res. Inst., Univ. Tokyo, 60, 1985, pp.507-592.
101) 秋田県教育委員会『胡桃舘埋没建物遺跡発掘調査概報（秋田県文化財調査報告書第 14 集）』秋田県教育委員会, 1968, 46 頁.
102) 秋田県教育委員会『胡桃舘埋没建物遺跡第 2 次発掘調査概要（秋田県文化財調査報告書第 19 集)』秋田県教育委員会, 1969, 19 頁.
103) 丸山浩治「テフラを指標とした古代集落研究の方法－青森県の平安時代集落を例に－」, 弘前大学大学院地域社会研究科年報 8, 2011, 7-27 頁.
104) 丸山浩治「テフラを指標とした古代土器編年とその地域差－青森県域における 9 世紀後半～10 世紀の土師器－」, 岩手県埋蔵文化財センター紀要ⅩⅩⅩⅠ, 2012, 25-48 頁.
105) 丸山浩治「To-a・B-Tm テフラを指標とした古代集落研究－秋田県域における 9 世紀後半～10 世紀の集落と土器の様相－」, 岩手県埋蔵文化財センター紀要ⅩⅩⅩⅡ, 2013, 27-48 頁.
106) 青森県埋蔵文化財調査センター編『前川遺跡　県道弘前田舎館黒石線道路改良事業に伴う遺跡発掘調査報告（青森県埋蔵文化財調査報告書　第 475 集）』青森県教育委員会, 2009, 第 1 分冊 395 頁, 第 2 分冊 348 頁.
107) 柴　正敏「田舎館村前川遺跡に産出する火山ガラスについて」, 青森県埋蔵文化財調査センター編『前川遺跡　県道弘前田舎館黒石線道路改良事業に伴う遺跡発掘調査報告（青森県埋蔵文化財調査報告書　第 475 集）（第二分冊）』青森県埋蔵文化財調査センター, 2009, 19-24 頁.

108) 柴　正敏・鴨野　豪「前川遺跡の火山灰質堆積物に含まれる火山ガラスの帰属とその意義」, 青森地学 55, 2010, 10 頁.
109) 前掲 106).
110) 小野映介・片岡香子・海津正倫・里口保文「十和田火山 AD915 噴火後のラハールが及ぼした津軽平野中部の堆積環境への影響」, 第四紀研究 51, 2012, 317-330 頁.
111) 前掲 97).
112) 貝塚爽平『発達史地形学』東京大学出版会, 1998, 286 頁.
113) Gatti, E., Mokhtarb, S., Talibb, K., Rashidib, N., Gibbarda, P. and Oppenheimera, C.: Depositional processes of reworked tephra from the Late Pleistocene Youngest Toba Tuff deposits in the Lenggong Valley, Malaysia. *Quaternary Research*, 79, 2013, pp.228-241.
114) Stanley, H. A.: Late Pleistocene human population bottlenecks, volcanic winter, and differentiation of modern humans. *Journal of Human Evolution*, 34, 1998, 623-651.
115) Robock, A.: Volcanic eruptions and climate. *Reviews of Geophysics*, 38, 2000, pp.191-219.
116) Oppenheimer, C.: Climatic, environmental and human consequences of the largest known historic eruption: Tambora volcano (Indonesia) 1815. *Progress in Physical Geography*, 27, 2003, pp.230-259.
117) Renfrew, C.: The Eruption of Thera and Minoan Crete. Sheets, P. D. and Grayson, D. K. (eds.) *Volcanic Activity and Human ecology*. Academic Press, 1979, pp.565-585.
118) 町田　洋「火山噴火と渤海の衰亡」,（中西　進・安田喜憲編『謎の王国　渤海』角川書店, 1992, 所収), 104-129 頁, など.
119) Pareschi, M.T., Favalli, M. and Boschi, E.: Impact of the Minoan tsunami of Santorini: Simulated scenarios in the eastern Mediterranean. *Geophysical Research Letters*, 33, 2006, L18607.
120) Panagiotaki, M.: The impact of the eruption of Thera in the Central Palace sanctuary at Knossos, Crete. *Mediterranean Archaeology and Archaeometry*, 7, 2007, pp.3-18.
121) 奥野　充・八塚槙也・中村俊夫・木村勝彦・山田和芳・齋藤めぐみ・谷口宏充「白頭山の 10 世紀噴火についての最近の年代研究（レビュー）」,（谷口宏充編『白頭山火山とその周辺地域の地球科学　東北大学東北アジア研究センター叢書 no.41』, 東北大学東北アジア研究センター, 2010, 所収), 103-111 頁.
122) 秋　教昇・都司嘉宣・朴　昌業・姜　泰燮「歴史時代の白頭山の火山活動」, 東京大学地震研究所彙報 86, 2011, 11-27 頁.
123) 巽　好幸・鈴木桂子「焦眉の急, 巨大カルデラ噴火－そのメカニズムとリスク－」, 科学 84, 2014, 1208-1216 頁.

第6章 火山灰編年学にもとづく北海道の人類史，環境史，災害史の諸問題

中村有吾

I．はじめに

　火山噴火が人間の生活に影響を与えることは，近年発生した火山噴火や災害の事例をみても明らかである。2014年9月27日に発生した御嶽山噴火は，比較的規模の小さな水蒸気噴火であったが，登山客の多い紅葉シーズンだったことも災いして，戦後最大の人的被害をもたらした。北海道の噴火史をみると，駒ヶ岳の1640年噴火や渡島大島火山の1741年噴火のように，火山噴火に伴って津波が発生する事例や，十勝岳の1926年噴火のように融雪泥流を引き起こすことで，山麓の市街地まで被害が及んだ事例がある。このように，火山噴火とそれに伴う災害は，多数の人的被害をもたらしてきた。

　このように，火山活動は人間生活に直接の影響を与えるのだが，さらに大きな視点から見ると，火山噴火が生活環境や文明の盛衰にも影響を与えることが，伊藤（伊藤，2002）[1]，町田・森脇（町田・森脇，1994）[2]，新井（新井，1993）[3]によって紹介されている。また，新井（新井，1993）[4]は，火山灰を示標層として利用（火山灰編年学）することで，考古遺跡の編年に寄与することを示した。このことは，北海道において人類の歴史を考える上で，きわめて重要な視点である。

　北海道の歴史は，日本列島の他の地域における歴史とはいささか異なっている。北海道の歴史時代区分は：

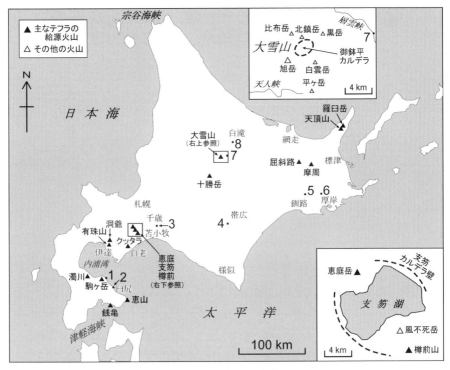

図 6-1 北海道の地域概観図
テフラの給源火山の位置および図 6-2 の柱状図記載地点も示す.

旧石器→縄文
→続縄文（弥生から古墳時代に相当）
→擦文（奈良〜鎌倉時代に相当）
→アイヌ（室町〜江戸時代に相当）
→明治〜平成

となる（なお，沖縄の歴史も，本州や北海道のそれと異なっている）．アイヌ時代の文化をになった当時の人々は文字による記録を残さなかったので，和人が支配していたごく一部の地域（北海道南部および厚岸，有珠，様似）を除いて，文献史料はほとんど残されていない．よって，北海道に人類が住み始めてからアイヌ時代（本州の江戸時代）までの長い時代のすべてが，考古学の守備

範囲であり，地層こそが人類史への手掛かりと言っていいだろう。

　北海道には第四紀後期に爆発的噴火を繰り返した火山が多く分布し，そのうち 20 座は気象庁によって活火山に認定されている（2014 年現在。北方領土を除く）。これらの火山からもたらされた豊富なテフラ（火山灰や軽石などの火山噴出物を総称して「テフラ」と呼ぶ）は，北海道地域の自然地理学・第四紀学に貢献してきた。本稿では，火山灰編年学と，北海道の人類史の関係について，筆者が重要と考えるいくつかの研究事例と今後の課題を指摘したい。なお，ここでいう「人類」とは，必ずしもアイヌ民族を示すとは限らず，和人の先祖が含まれる可能性も否定しない。たしかに「アイヌ文化」の担い手はアイヌ民族であることは確かだが，それ以前の旧石器〜擦文時代人と，現代のアイヌ人・和人との血縁関係が明確でない以上，「われらの先祖」とおおらかにとらえておきたいからである。

II．北海道の火山活動と広域テフラ

　本稿で扱う北海道の火山灰編年（テフロクロノロジー），すなわち広域テフラを年代順に整理した表を表 6-1 に，主要なテフラの層序と分布を図 6-2，図 6-3 に示す。本稿の目的は，テフロクロノロジーと人類史の関係を捉えることであるので，便宜上，最終間氷期以降のテフラについて扱う。北海道の広域テフラを網羅した成果として，例えば町田・新井（町田・新井，2003[5]，1992[6]）や奥村（奥村，1991）[7] による業績がすでにあるが，暦年補正に関わる年代測定技術が近年向上していることもあるので，あえてここでもテフラのリストを提示する。なお，表 6-1 に示した 50 層のテフラすべてが 1 カ所で見られる地点は存在しないので，前後関係が不明な組み合わせもある（たとえば，Ko-h と En-a，Kc-Sr と Ko-i など）。これについては，一応，年代値の順に並べてあるが，今後の調査結果によって逆転する可能性もある。

　さて，旧石器時代以降の遺跡は，北海道のあらゆる地域でみつかっているので，表 6-1 に示すほとんどのテフラは遺跡の年代決定や人類史の検討に役立つといえる。ここでは本稿で取り上げる主要な火山と広域テフラ，すなわち，大

表 6-1 北海道における最終間氷期以降の広域テフラの給源火山，年代，給源近傍での層相

給源火山	テフラ名	略号	[注1]	年号または放射年代 (暦年補正値の1σ) [注2]	[注3]	給源近傍での層相 [注4]
有珠	有珠1977	Us-1977	3	AD1977 (昭和52)	3	pfa
駒ヶ岳	駒ヶ岳a	Ko-a	4, 5	AD1929 (昭和4)	4	pfa → pfl
駒ヶ岳	駒ヶ岳c1	Ko-c1	4, 5	AD1856 (安政3)	4	pfa → pfl
有珠	有珠1853	Us-1853	3, 4, 6	AD1853 (嘉永6)	3, 4, 6	pfa, afa, pfl
有珠	有珠1822	Us-1822	3, 4, 6	AD1822 (文政5)	3, 4, 6	pfa, afa, pfl
有珠	有珠1769	Us-1769	3, 6	AD1769 (明和5)	3, 6	pfa, afa
樽前	樽前a	Ta-a	4, 7, 8	AD1739 (元文4)	4	pfa
有珠	有珠先明和	Us-pM	9	17世紀後半	9	pfa, afa
駒ヶ岳	駒ヶ岳c2	Ko-c2	4, 5	AD1694 (元禄7)	10	pfa
樽前	樽前b	Ta-b	4, 7, 8	AD1667 (寛文7)	4	pfa
有珠	有珠1663 (有珠b)	Us-1663 (Us-b)	3, 4, 6, 11	AD1663 (寛文3)	3, 4, 6	pfa (Us-b) → afa
駒ヶ岳	駒ヶ岳d	Ko-d	4, 5, 10	AD1640 (寛永17)	4	pfa
羅臼	羅臼1	Ra-1	12, 13	500 − 700	13	afa → pfa
摩周	摩周b	Ma-b	4, 14, 15	774 − 976*	16	afa → pfa
白頭山	白頭山苫小牧	B-Tm	17	10世紀	18	pfl
羅臼	羅臼2	Ra-2	12, 13	1,302 − 1,498	13	pfa → afa
摩周	摩周c1	Ma-c1	4, 14, 15	1,421 − 1,729*	16	afa
摩周	摩周c2	Ma-c2	4, 14, 15	1,421 − 1,729*	16	afa
天頂山	天頂山a	Ten-a	12, 19	1,830 − 1,920	19	pfa
羅臼	羅臼3	Ra-3	12, 13	2,122 − 2,321	13	afa → pfa
樽前	樽前c	Ta-c	4, 8	2,500 − 2,800*	20, 21	pfa
樽前	樽前スコリア	Ta-sco	8	Ta-c 以前		sfa
十勝岳	グラウンド火砕流	To-Gnd	22	ca. 3300	22	pfl
摩周	摩周d1/d2	Ma-d1/d2	4, 14, 15	3,253 − 3,364*	15	afa (Ma-d1) → pfa (Ma-d2)
摩周	摩周e	Ma-e	4, 14, 15	4,589 − 4,819*	15	afa
駒ヶ岳	駒ヶ岳f	Ko-f	4, 5	6,189 − 6,409	23	pfa → pfl

第 6 章　火山灰編年学にもとづく北海道の人類史，環境史，災害史の諸問題　109

火山名	テフラ名	略号	文献番号	年代	年代文献	岩相
駒ヶ岳	駒ヶ岳 g	Ko-g	4, 5, 24	6,500 – 6,600	24	pfa → pfl
摩周	摩周 f〜j	Ma-f〜j	4, 14, 15	8,409 – 8,539	24	afa → pfa → pfl
恵山	恵山元村	Es-M	25, 26	8,500 – 9,000 *	26	pfl
樽前	樽前 d	Ta-d	8	9,000 – 9,700 *	27-31	pfa
摩周	摩周 k	Ma-k	4, 14, 15	9,136 – 9,547	32	afa
摩周	摩周 l	Ma-l	4, 14, 15	> 14,000	18	pfa
濁川	濁川	Ng	33, 34	14,000 – 15,900 *	34-36	pfa → pfl
駒ヶ岳	駒ヶ岳 h	Ko-h	5, 34, 36	20,192 – 20,876 *	5	pfa → pfl
恵庭岳	恵庭 a	En-a	8, 37, 38	21,400 – 23,500 *	30, 39	pfa
大雪山御鉢平	大雪山御鉢平	Ds-Oh	40-43	33,852 – 34,424 *	40	pfa → pfl
屈斜路	屈斜路庶路（屈斜路1）	Kc-Sr (Kc-1)	44, 46	33,547 – 39,717 *	45	pfa (Kc-Sr) → pfl (Kc-1)
駒ヶ岳	駒ヶ岳 i	Ko-i	5, 34, 36, 47	37,322 – 38,626 *	36	pfa → pfl
支笏	支笏 1	Spfa-1	8, 37	43,000 – 46,000 *	48, 49	pfa → pfl
クッタラ	クッタラ 1	Kt-1	50	45,751 – 48,327 *	48	pfa
銭亀	銭亀 - 女那川	Z-M	51	45,000 – 47,000 *	52	pfa → pfl
クッタラ	クッタラ 3	Kt-3	50	47,300 – 50,000 *	52	pfa
支笏	支笏スコリア	Ssfa	37, 50	49,800 ± 3,100（^{14}C 年代）	52	sfa / pfl
(不明)	ランコシ 3	RP3	53			
クッタラ	クッタラ 6	Kt-6	50	90,000 ごろ？		pfa
阿蘇（九州）	阿蘇 4	Aso-4	54	86,000 – 90,000 (OIS5b)	55, 56	pfl
洞爺	洞爺	Toya	57	106,000 (OIS5c)	56, 58	pfl
屈斜路	屈斜路 - 羽幌	Kc-Hb	44, 59	110,000 (OIS5d)	56, 60	pfa → pfl
屈斜路 ?	新生	Sns	60	110,000 (OIS5d)	60	pfl
(不明)	厚真 4	Aafa4	61	110,000 (OIS5d)	60	

[注]
1) テフラの定義・名称に関する文献（本章末に記載）
2) * を付した年代値は、文献に記された年代値を元に、Stuiver and Reimer (1993) およびReimer et al. (2013) の方法で筆者が暦年補正した値。そのほかは、原著者による補正値。
3) テフラの年代に関する文献（本章末に記載）
4) 層相についての略号は以下の通り：afa＝降下火山灰，pfa＝降下軽石，sfa＝降下スコリア，pfl＝火砕流堆積物

雪火山，支笏カルデラ，駒ヶ岳火山の3つに絞ってその火山活動史と主なテフラを紹介する。

1. 大雪火山

「北海道の屋根」の異名をもつ大雪山（だいせつさん・たいせつさん）は，旭岳，黒岳，白雲岳から十勝岳まで2000m級の峰を連ねる山域で，これらはいずれも火山である。大雪火山はおよそ100万年前に活動を開始した（勝井ほか，1979）[8]。大規模な火砕流噴火を何度も繰り返しており，旭川から美瑛の町まで広がるなだらかな丘はいずれも火砕流堆積物からなる地形である。最も新しい大規模火砕流噴火は，約3万4千年前の御鉢平カルデラ噴火である。この時の火砕流堆積物は，堆積直後に固結してできた岩石（溶結凝灰岩）がさらに河川によって侵食され，北麓の層雲峡や西麓の天人峡といった風光明媚な峡谷をなしている。また，この火砕流堆積物と山体の東〜北東方に拡散した火山灰を総称して大雪御鉢平テフラ（Ds-Oh）と呼ばれる（図6-2の地点7参照）。さらに新しい時代（1〜2万年前）に形成された成層火山である旭岳は，活火山に認定されている。

2. 支笏カルデラ

日本最北の不凍湖は支笏湖である。冬季においても結氷しない理由として，深度が深く（約360m），水量が多い（約20km^3）ため，常に循環が起こるからであろう。このような湖が形成されたのは，これが火山の大規模噴火によって形成されたカルデラ湖だからである。支笏カルデラの噴出物で，現在見つかっている最初期のものは支笏スコリア（Ssfa）で，その年代は約5万年前である（加藤ほか，1995[9]；山縣，1994[10]）。その後何度か火山活動を繰り返したが，支笏カルデラ最大の噴火は，約45,000年前の噴火である。この噴火では大規模なプリニー式噴火（支笏1テフラ：Spfa-1の生成）に始まって，最後には火山体の周辺，すなわち札幌南部から千歳，苫小牧といった町の大部分を覆う大規模火砕流を発生させた。細粒の火山灰は，北海道の南西部を除くほぼ全域に分布する（図6-3）。この噴火によって空になったマグマだまりに山体が崩壊し，

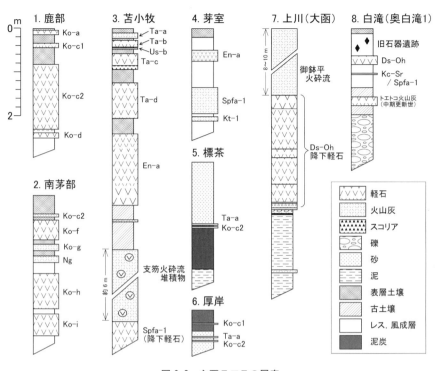

図 6-2 主要テフラの層序
記載地点の位置は図 6-1 を，テフラの名称（略号）は表 6-1 を参照．

形成された火山地形が支笏カルデラである．支笏カルデラ形成後も，マグマの供給は止まらず，カルデラの北西部と南東部で火山活動が続き，それぞれ恵庭火山，樽前火山を形成した．

恵庭火山では約 22,000 年前に，大規模な噴火があり，その降下軽石（En-a）は帯広付近でも 30cm の厚さでたまっている．現在の恵庭火山は複数の溶岩流が積み重なった成層火山となっている．完新世に入ると，支笏カルデラ南東の樽前火山が繰り返し噴火した．特に大きな噴火は，9000 年前，2500 年前，西暦 1667 年，西暦 1739 年に起きた噴火で，それぞれ北海道の東部まで火山灰が到達した（樽前 d～a テフラ：Ta-d～Ta-a）（図 6-3 参照）．1909 年の噴火では，山体上部に溶岩ドームを形成した．支笏・恵庭・樽前火山起源の一連のテフラ

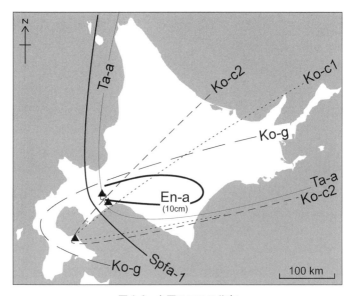

図 6-3　主要テフラの分布
テフラの存在が確認されている地域の外縁を曲線で示す．ただし，En-a のみは層厚 10cm を示す曲線．

は，図 6-2 の地点 3 で観察できる。

3. 駒ヶ岳火山

　北海道南部の渡島半島にある駒ヶ岳火山は，樽前火山や有珠火山と同様に数百年間活発な活動を繰り返してきた成層火山である。なお，「駒ヶ岳」という山名は日本各地に存在しており（特に甲斐駒ヶ岳と木曽駒ヶ岳が有名），これらと区別するために「北海道駒ヶ岳」「渡島駒ヶ岳」という呼び方もあるが，本稿では国土地理院発行の地形図に従って，単に「駒ヶ岳」と呼ぶことにする。
　駒ヶ岳火山の歴史は古く，約 11 万年前にさかのぼる（鷹澤ほか，2005）[11]。駒ケ岳起源の火山灰のうち，約 6500 年前に噴出した駒ヶ岳 g テフラ（Ko-g），西暦 1694 年の駒ヶ岳 c2 テフラ（Ko-c2），西暦 1856 年の駒ヶ岳 c1 テフラ（Ko-c1）は，北海道の東部まで広く分布する（図 6-2，図 6-3 参照）。とくに，Ko-c2 は北海道の太平洋沿岸，大雪山，知床半島，北方領土など広い地域で見つかっ

ている。

　なお，ここに紹介した北海道の指標火山灰は，含まれる鉱物の種類，火山ガラスの含有率，火山ガラスの主成分化学組成または屈折率を測定することで比較的容易に同定できる。

III. 人類史と広域テフラ

1. 北海道最古の遺跡はどこか

　はじめに，北海道の人類史を考える上で最も根源的なテーマ，すなわち北海道にいつから人が住んでいるのかについて，火山灰編年学の視点とともに考えてみよう。北海道では，伊達市の北黄金貝塚や釧路市の東釧路貝塚などで人骨が発見されているが，いずれも縄文時代以降のものであり，旧石器時代の人骨は発見されていない。したがって，北海道最古の人類を示す証拠は，遺構や石器などの遺物によるしかない。2000（平成12）年以前は，北海道にも前期～中期旧石器遺跡が存在するとされたが，いずれも「捏造遺跡」であることが発覚した。

　現時点で信頼できる発掘成果の中から，比較的古い遺跡の年代とテフラとの関係を挙げると，以下の通りである（「cal BP」は ^{14}C 年代の暦年補正値）。

　　遠軽町奥白滝1遺跡：16000～21000 cal BP（Ds-Oh の上位）（北海道埋蔵
　　　文化財センター，2002）[12]

　　遠軽町上白滝8遺跡：28186～28586 cal BP（Ds-Oh の上位）（北海道埋蔵
　　　文化財センター，2004）[13]

　　帯広市若葉の森遺跡：27000～31000 cal BP（En-a と Spfa-1 の間）（帯広
　　　市教育委員会，2004）[14]

　　帯広市川西C遺跡：25554～26086 cal BP（En-a と Spfa-1 の間）（帯広市
　　　教育委員会，1998）[15]

　　千歳市祝梅三角山遺跡：24829～26535 cal BP（En-a の下位）（千歳市教
　　　育委員会，1974）[16]

　　千歳市柏台1遺跡：24164～27112 cal BP（En-a の下から細石刃・不定形

剥片石器)(北海道埋蔵文化財センター, 1999)[17]

以上が主要な遺跡であるが, このほかにも, 北海道南部の今金町美利河1遺跡や函館市桔梗2遺跡, 十勝平野の清水町共栄3遺跡, 更別村勢雄遺跡, 上士幌町嶋木遺跡, 帯広市空港南A遺跡などで2～3万年前の石器類が発掘されている(野村・宇田川, 2001)[18]。テフラとの関係がわかっている白滝遺跡では, Ds-Oh の上位から石器が出土する(図 6-2 の地点 8)。また, 十勝平野や千歳付近の遺跡では Spfa-1 と En-a の間から石器が出土する(図 6-2 の地点 4 で十勝平野の典型的な火山灰層序がみられる)。

以上をまとめると, 北海道の旧石器遺跡, すなわち人類が生活していた痕跡は, 3万年前ころ唐突に現れ, 北海道のほぼ全域に速やかに広がったといえる。北海道の旧石器遺跡, 特に白滝遺跡はその石材(黒曜石)が, サハリンをはじめとする北海道外の地域までもたらされた(Kuzmin et al., 2002[19]; 木村, 1997[20])。火山灰編年学の立場でいうと, 北海道における人類史の開始は少なくとも En-a 以前であるが, 今のところ Ds-Oh より遡るという確実な証拠は見つかっていない。おそらく Spfa-1 以前に遡る可能性は低いだろう。このことは, 日本列島の他の地域や, サハリン, 朝鮮半島の旧石器時代遺跡, 遺物の年代が3～4万年前以降であること(Chang, 2013[21]; Bae et al., 2012[22]; Vasilevski, 2010[23]; Morisaki, 2012[24])や, ボルネオや中国, 沖縄で見つかっている化石人骨(Homo sapiens)の年代が, 3.5～4万年前であること(溝口, 2011)[25]と照らし合わせても妥当であろう。

旧石器時代の北海道は大陸と地続きであった点で, 同時期の本州とは環境が大きく異なる。旧石器時代の後期, すなわち最終氷期の海水準は現在より105～130m低かったとされる(Fairbanks, 1989[26]; Chappell et al., 1996[27]; Peltier, 1994[28]; Shackleton, 1987[29])。宗谷海峡の水深は約60m, 間宮海峡は約20mであることから, 宗谷海峡および間宮海峡は最終氷期(約7.5～1万年前)を通して陸橋化しており(小野, 1990[30]; 大嶋, 1976[31]), 北海道が大陸と地続きであったことは確からしい。対馬海峡が最終氷期に陸橋化したか否かについては諸説ある(佐藤・茂木, 1982[32]; 多田, 1997[33]; 大場, 1988[34]; 松井ほか, 1998[35]; 大嶋, 1990[36]; 湊, 1966[37])が, 津軽海峡(水深約140m)について

は最終氷期最盛期においても陸化しなかったようである（大場，1988[38]；大嶋，1996[39]）。したがって，Spfa-1・Ds-Oh 以降のある時期に，本州とは異なるルートで北海道に人類が到達した可能性があることや，反対に白滝製の黒曜石がサハリンやロシアにもたらされたことも理解できる。旧石器時代（最終氷期）の北海道の地史と，大陸や本州との関わり検討する際にも，北海道に分布する豊富なテフラが役立つであろう。

2. 文化の変遷と広域テフラ

前節のとおり Ds-Oh や Spfa-1 が降下した当時，北海道に人が生活していた証拠は今のところない。もし人が生活している時代に火山灰が降下したらどうなるだろうか。九州地方では，鬼界カルデラ起源の「K-Ah」や姶良カルデラ起源の「AT」といったテフラの層準を境にして出土する石器や土器の形式が異なることが知られている（例えば，小田（小田，1993）[40]）。火山の大噴火が人類の生活にインパクトを与えたことは確かである。北海道でも同様の事例はあるだろうか。

駒ヶ岳火山に由来する Ko-g（図 6-2，地点 2）は約 6500 年前に噴出した降下軽石・火山灰で，その上下の層準で出土する遺物の形式が異なる。北海道南部で Ko-g 前後の縄文遺跡として，函館市臼尻遺跡，白老町虎杖浜遺跡，白老町ポンアヨロ遺跡がある。函館市臼尻遺跡では，Ko-g の上位層から縄文時代前期〜続縄文時代に属する土器が，Ko-g 下位からは縄文時代早期前葉および後葉に相当する土器（東釧路IV式土器）が出土する（函館市教育委員会生涯学習部文化財課・函館市埋蔵文化財事業団，2007）[41]。内浦湾を挟んだ北側の，白老町虎杖浜遺跡および白老町ポンアヨロ遺跡でも，Ko-g の上位から縄文時代前期前半の土器が，下位から縄文時代早期の土器（中茶路式土器）が出土している（北海道埋蔵文化財センター，2009）[42]。

もうひとつ別の事例を紹介しよう。朝鮮半島の付け根に白頭山（長白山）というカルデラ火山があり，10 世紀の半ばに大噴火した。このとき噴出した火山灰（白頭山苫小牧テフラ：B-Tm）は日本列島に到達しており，東北地方の北部および北海道で 1〜5cm の地層となっている（町田ほか，1981）[43]。

B-Tmはたくさんの遺跡発掘現場で確認されており，その降下時期は，擦文時代の中期（青森県では平安時代）に相当する。B-Tmが見つかる北海道内の遺跡では，その上下で土器の形式が異なる（塚本，2002[44]；大谷，1982[45]）ことが多い。また，青森県内でもB-Tmの前後で集落の分布域が異なることが知られている（丸山，2011）[46]。

ここにあげたKo-gとB-Tmの事例は，いずれもテフラを挟んで土器の形式（文化の様式）が異なることを示す。これは何を意味するのだろうか？　火山の噴火によって，北海道において（あるいはその一部の地域において）人類が「絶滅した」と考えるのは早計であろう。B-Tmの降下・堆積量はせいぜい1cm，最大でも数センチでしかない。しかし，その地域が広く火山灰に覆われたということは，土砂災害の多発，河川における土砂流量の急激な増大，植生の枯死，といった環境変動をもたらしたことが推定される。このような環境変動が，人々の狩猟・採取生活に打撃を与え，生活空間の移動，ひいては急速な文化の移動・伝播を引き起こすきっかけとなった可能性は高い。

時代は下がるが，1669年に勃発したシャクシャインの乱の原因が1663年の有珠山噴火，1667年の樽前山の噴火に由来するという考え方が徳井によって提唱された（徳井，1989）[47]。表6-1に示すように，江戸時代（すなわちアイヌ時代）の北海道は樽前山，駒ヶ岳，有珠山が噴火を繰り返す時代であった。いずれも，噴火の痕跡が厚い地層として残される「大規模噴火」である。このような火山噴火がアイヌの生活に大打撃を与えたことは想像に難くない。

IV. 環境変動とテフロクロノロジー

明治維新後，それまでの「蝦夷地」は「北海道」となり，「開拓使」という役所が設けられると，北海道の開拓は本格化した。これ以降，自然環境に与える人間の影響が急激に大きくなる。北海道というと「豊かな自然」というイメージがあるが，手つかずの自然というのは実際は少ない。十勝平野や根釧台地など，広大な平地はほとんどが農地として利用されている。森林も，そのほとんどが人の手が入った森林である。

北海道東部には，釧路湿原や霧多布湿原など，特有の景観や貴重な動植物の生育環境を現在に伝える湿原が多数存在する．しかし，このような湿原環境も大きな危機にさらされている．例えば，1960年以前に作成された地形図を見ると，北海道東部・標津川の流域にはおよそ50km^{2}の広大な湿原が表示されているが，1980年代の地形図ではほぼ全域が農地となっており，現在残された「標津湿原」は海岸付近の一部（3〜4km^{2}程度）に過ぎない．また，北海道最大の湿原である釧路湿原（約200km^2）は，19世紀後半に入植が始まってから，1980年のラムサール条約登録，1987年国立公園指定までの間に都市化と農地開発の影響を受けることとなった．湿原面積の減少よりも深刻なのは，農地開発（酪農）が進むことで農地から流入する肥料や糞尿が増えたこと，湿原の周辺や河川上流域で森林が消失したことにより流域の削剥や侵食が進み，河川に土砂が流出し始めたことである（中村ほか，2003[48]；水垣・中村，1999[49]；中村，1997[50]）．その結果，湿原内においても砂および泥の堆積が進んだ．湿原の地質変化に応じて，植生もスゲーヨシ群落などの湿地植生からハンノキやヤナギといった樹林に変わっていく．さらに，植生の変化は，タンチョウやキタサンショウウオなど動物の生態にも打撃となる（中村，2003）[51]．

 さて，この問題の原因は人為的なことであるが，現象としては侵食ー堆積という地学現象である．よって，火山灰編年学がここでも役に立つ．特に，江戸時代中期の示標テフラであるKo-c2（AD1694）およびTa-a（AD1739），幕末に降下したKo-c1（AD1856）が役立つであろう（Ko-c1は北海道の南部から東部まで広く分布（中村ほか，2008）[52]するが，層が薄く地層中で見つからないことが多いのが難点である）．例えば，図6-2の地点5（標茶）を見ると，Ta-a・Ko-c2前後までは泥や泥炭が堆積していたのに対し，それ以降は急速に砂が溜まったことがわかる．

 また，テフラとは異なるが，この種の堆積物の年代を論じるのに最も適した示標層として「セシウム137（^{137}Cs）」を挙げておきたい．^{137}Csは，核実験生成物である放射性核種のひとつで，核実験が活発に行われた1963年ころに降下・堆積量のピークが見られる（Delaune et al., 1978）[53]．北海道大学農学部のグループによる釧路湿原周辺地域での調査結果によると，Ta-a降下以前の土

砂流出量に比べて，1963年以降のそれは5～7倍も増加しているという（Ahn et al., 2006[54]；Ahn et al., 2010[55]）。このように，北海道の貴重な湿原景観も，やがては砂に埋めつくされてしまう事態もありうる。

V．まとめと今後の課題

　本稿では，火山灰編年学の視点から北海道の人類史研究にどのように貢献できるか議論した。火山噴火とそれに伴う土砂災害・津波は，そこに暮らす人々にとって脅威であることは間違いない。災害科学の立場から火山をとらえることは，現在地域に暮らす人々の生命と生活基盤を守るうえで不可欠である。特に，噴火現象そのものよりも，噴火による環境変化（地形・動植物・気候）は，自然地理学の研究者が得意とするテーマのはずであるが，十分な研究は行われていない。さしあたって，比較的新しい時代，江戸時代に多発した火山噴火がどのような土砂・地形災害をもたらしたか明らかにする必要がある。

　また，北海道における人類史・生活史との関係を扱ううえで，遺跡発掘現場における地形・地質調査は不可欠であり，考古学との連携がますます必要になってくる。北海道の自然地理学研究者は，旧石器からアイヌ時代まで北海道独自の考古学・人類学を学ばなければならない。自然と人類史の関係をとらえるうえで第一の問題は，北海道最古の人類を考察することであろう。この問題には，北海道，本州，サハリン，大陸との地形的なつながり（陸橋の形成時期）と，ヒトと動植物の移動といった大きな視点から見直す必要もあるだろう。

　自然環境に対する人間の影響が大きいといっても，本州に比べれば，北海道にはまだまだ多くの自然が残されている。自然地理学的研究を行う上で，豊富なテーマとフィールドを提供してくれるのだ。人間と環境，人間と災害の関係をとらえる上で，これ以上適した地域はないであろう。

［注］
1）伊藤和明『地震と噴火の日本史』岩波書店，2002，212頁．
2）町田　洋・森脇　広編『火山噴火と環境・文明』思文閣出版，1994，213頁．

3) 新井房夫編『火山灰考古学』古今書院，1993，264頁.
4) 前掲3).
5) 町田　洋・新井房夫『新編　火山灰アトラス―日本列島とその周辺』東京大学出版会，2003，336頁.
6) 町田　洋・新井房夫『火山灰アトラス―日本列島とその周辺』東京大学出版会，1992，276頁.
7) 奥村晃史「北海道地方の第四紀テフラ研究」，第四紀研究30，1991，379-390頁.
8) 勝井義雄・横山　泉・伊藤太一「旭岳―火山地質・噴火史・活動の現況および防災対策―」，北海道防災会議，北海道における火山に関する研究報告書7，1979，42頁.
9) 加藤茂弘・山縣耕太郎・奥村晃史「支笏・クッタラ両火山起源のテフラに関する加速器質量分析（AMS）法による^{14}C年代」，第四紀研究34，1995，309-313頁.
10) 山縣耕太郎「支笏およびクッタラ火山のテフロクロノロジー」，地学雑誌103，1994，268-285頁.
11) 鷹澤好博・紀藤典夫・柳井清治・貞方　昇「北海道駒ヶ岳の最初期テフラの発見と初期噴火活動史の検討」，地質學雜誌111，2005，581-589頁.
12) 北海道埋蔵文化財センター編『白滝遺跡群Ⅲ』北海道埋蔵文化財センター，2002，全3冊.
13) 北海道埋蔵文化財センター『白滝遺跡群Ⅳ』北海道埋蔵文化財センター，2004，全3冊.
14) 帯広市教育委員会『帯広・若葉の森遺跡』帯広市教育委員会，2004，236頁.
15) 帯広市教育委員会『帯広・川西C遺跡』帯広市教育委員会，1998，170頁.
16) 千歳市教育委員会『祝梅三角山地点：北海道千歳市祝梅における旧石器時代遺跡の発掘調査』千歳市教育委員会，1974，37頁.
17) 北海道埋蔵文化財センター『千歳市柏台1遺跡：一般国道337号新千歳空港関連工事用地内埋蔵文化財発掘調査報告書』北海道埋蔵文化財センター，1999，311頁.
18) 野村　崇・宇田川洋編『旧石器・縄文文化』北海道新聞社，2001，239頁.
19) Kuzmin, Y. V., Glascock, M. D. and Sato, H.: Sources of Archaeological Obsidian on Sakhalin Island (Russian Far East), *Journal of Archaeological Science,* 29, 2002, pp.741-749.
20) 木村英明『シベリアの旧石器文化』北海道大学図書刊行会，1997，426頁.
21) Chang, Y.: Human activity and lithic technology between Korea and Japan from MIS 3 to MIS 2 in the Late Paleolithic period, *Quaternary International*, 308-309, 2013, pp.13-26.
22) Bae, C. J. and Bae, K.: The nature of the Early to Late Paleolithic transition in Korea: Current perspectives, *Quaternary International*, 281, 2012, pp.26-35.
23) Vasilevski, A. A., Grischenko, V. A. and Orlova, L. A.: Periods, boundaries, and contact

zones in the Far Eastern insular world of the Neolithic: (Based on the Radiocarbon Chronology of Sites on the Sakhalin and Kuril Islands), Archaeology, *Ethnology and Anthropology of Eurasia*, 38, 2010, pp.10-25.
24) Morisaki, K.: The evolution of lithic technology and human behavior from MIS 3 to MIS 2 in the Japanese Upper Paleolithic, *Quaternary International*, 248, 2012, pp.56-69.
25) 溝口優司『アフリカで誕生した人類が日本人になるまで』ソフトバンククリエイティブ, 2011, 190頁.
26) Fairbanks, R. G.: A 17,000-year glacio-eustatic sea level record: influence of glacial melting rates on the Younger Dryas event and deep-ocean circulation, *Nature*, 342, 1989, pp.637-642.
27) Chappell, J., Omura, A., Esat, T., McCulloch, M., Pandolfi, J., Ota, Y. and Pillans, B.: Reconciliaion of late Quaternary sea levels derived from coral terraces at Huon Peninsula with deep sea oxygen isotope records, *Earth and Planetary Science Letters*, 141, 1996, pp.227-236.
28) Peltier, W. R.: Ice Age Paleotopography, *Science*, 265, 1994, pp. 195-201.
29) Shackleton, N. J.: Oxygen isotopes, ice volume and sea level, *Quaternary Science Reviews*, 6, 1987, pp.183-190.
30) 小野有五「北の陸橋」, 第四紀研究29, 1990, 183-192頁.
31) 大嶋和雄「海峡形成史 (1)」, 地質ニュース266, 1976, 10-21頁.
32) 佐藤任弘・茂木昭夫「海底地形からみた日本海の海水準変化」, 第四紀研究21, 1982, 203-210頁.
33) 多田隆治「最終氷期以降の日本海および周辺域の環境変遷」, 第四紀研究36, 1997, 287-300頁.
34) 大場忠道「海水準変化に関するコメント」, 第四紀研究26, 1988, 243-250頁.
35) 松井裕之・多田隆治・大場忠道「最終氷期の海水準変動に対する日本海の応答－塩分収支モデルによる陸橋成立の可能性の検証」, 第四紀研究37, 1998, 221-233頁.
36) 大嶋和雄「第四紀後期の海峡形成史」, 第四紀研究29, 1990, 193-208頁.
37) 湊　正雄「日本列島の最後の陸橋」, 地球科學85・86, 1966, 2-11頁.
38) 前掲34).
39) 大嶋和雄「津軽海峡の形成 (特集　陸橋および生物の移動)」, 月刊地球18, 1996, 531-536頁.
40) 小田静夫「旧石器時代と縄文時代の火山災害」, (新井房夫編『火山灰考古学』古今書院, 1993, 所収), 207-224頁.
41) 函館市教育委員会生涯学習部文化財課・函館市埋蔵文化財事業団編『臼尻C遺跡：函館市』函館市教育委員会文化財課：函館市埋蔵文化財事業団, 2007, 243頁.

42）北海道埋蔵文化財センター『虎杖浜2遺跡（5）・ポンアヨロ4遺跡（2）　白老町　一般国道36号白老町虎杖浜ポンアヨロ4　遺跡外埋蔵文化財発掘調査報告書』北海道埋蔵文化財センター，2009，92頁．
43）町田　洋・新井房夫・森脇　広「日本海を渡ってきたテフラ」，科学51，1981，562-569頁．
44）塚本浩司「擦文土器の編年と地域差について」，東京大学考古学研究室研究紀要17，2002，145-184頁．
45）大谷敏三「擦文期の遺構・遺物について」，千歳市教育委員編『末広遺跡における考古学的調査（下）　千歳市文化財調査報告書』，1982，467-473頁．
46）丸山浩治「テフラを指標とした古代集落研究の方法：青森県の平安時代集落を例に」，弘前大学大学院地域社会研究科年報8，2011，7-27頁．
47）徳井由美「北海道における17世紀以降の火山噴火とその人文環境への影響」，お茶の水地理30，1989，27-33頁．
48）中村太士・中村隆俊・渡辺　修・山田浩之・仲川泰則・金子正美・吉村暢彦・渡辺綱男「釧路湿原の現状と自然再生事業の概要」，保全生態学研究8，2003，129-143頁．
49）水垣　滋・中村太士「放射性降下物（Cs-137）を用いた釧路湿原河川流入部における土砂堆積厚の推定」，地形＝ Transactions, _Japanese Geomorphological Union_, 20, 1999, 97-112頁．
50）中村太士「流域的視点からみた釧路湿原保護の現状と課題」，ワイルドライフ・フォーラム2，1997，101-110頁．
51）前掲48）．
52）中村有吾・丸茂美佳・平川一臣・澤柿教伸「北海道東部，知床半島の完新世テフラ層序」，第四紀研究47，2008，39-49頁．
53）Delaune, R. D., Patrick, W. H. and Buresh, R. J.: Sedimentation rates determined by ^{137}Cs dating in a rapidly accreting salt marsh, _Nature_, 275, 1978, pp.532-533.
54）Ahn, Y. S., Mizugaki, S., Nakamura, F. and Nakamura, Y.: Historical change in lake sedimentation in Lake Takkobu, Kushiro Mire, northern Japan over the last 300 years, _Geomorphology_, 78, 2006, pp.321-334.
55）Ahn, Y. S., Nakamura, F. and Chun, K. W.: Recent history of sediment dynamics in Lake Toro and applicability of ^{210}Pb dating in a highly disturbed catchment in northern Japan, _Geomorphology_, 114, 2010, pp.284-293.

［表6-1 文献］
1）Stuiver, M. and Reimer, P. J.: Extended ^{14}C database and revised CALIB 3.0 ^{14}C age calibration program, _Radiocarbon_, 35, 1993, pp. 215-230.

2) Reimer, P. J., Bard, E., Bayliss, A., Beck, J. W., Blackwell, P. G., Bronk Ramsey, C., Buck, C. E., Cheng, H., Edwards, R. L., Friedrich, M., Grootes, P. M., Guilderson, T. P., Haflidason, H., Hajdas, I., Hatté, C., Heaton, T. J., Hoffmann, D. L., Hogg, A. G., Hughen, K. A., Kaiser, K. F., Kromer, B., Manning, S. W., Niu, M., Reimer, R. W., Richards, D. A., Scott, E. M., Southon, J. R., Staff, R. A., Turney, C. S. M. and van der Plicht, J. : IntCal13 and Marine13 radiocarbon age calibration curves 0-50,000 years cal BP, *Radiocarbon*, 55, 2013, pp. 1869-1887.
3) 曽屋龍典・勝井義雄・新井田清信・堺幾久子・東宮昭彦「有珠火山地質図（第2版）」，火山地質図2，産業技術総合研究所地質調査総合センター，2007年．
4) 山田　忍「火山噴出物の堆積状態から見た沖積世における北海道火山の火山活動に関する研究」，地団研専報8，1958，1-40頁．
5) 勝井義雄・鈴木建夫・曽屋龍典・吉久康樹『北海道駒ヶ岳火山地質図』地質調査所，1989，1枚．
6) 横山　泉・勝井義雄・大場与志男・江原幸雄「有珠山，火山地質・噴火史・活動の現況および防災対策」，北海道における火山に関する研究報告書，北海道防災会議3，1973，254頁．
7) 曽屋龍典「樽前火山の形成－とくにTa-a，Ta-b期の活動について－」，火山第2集16，1971，15-27頁．
8) 曽屋龍典・佐藤博之『地域地質研究報告（5万分の1地質図幅）「千歳地域の地質」』，地質調査所，1980，92頁．
9) 中川光弘・松本亜希子・田近　淳・広瀬　亘・大津　直「有珠火山の噴火史の再検討：寛文噴火(1663年)と明和噴火(1769年)に挟まれた17世紀末の先明和噴火の発見」，火山50，2005，39-52頁．
10) 古川　太・吉本充宏・山縣耕太郎・和田恵治・宇井忠英「北海道駒ヶ岳火山は1694年に噴火したか？－北海道における17～18世紀の噴火年代の再検討－」，火山42，1997，269-279頁．
11) 中村有吾・松本亜希子・中川光弘「噴出物から推定した有珠山1663年噴火の推移」，地學雜誌114，2005，549-560頁．
12) 中村有吾・丸茂美佳・平川一臣・澤柿教伸「北海道東部，知床半島の完新世テフラ層序」，第四紀研究47，2008，39-49頁．
13) 宮地直道・中川光弘・吉田真理夫「羅臼岳火山における最近2200年間の噴火史」，火山45，2000，75-85頁．
14) 勝井義雄「5万分の1地質図幅「屈斜路湖」および同説明書」，北海道開発庁，1962，42頁．
15) 宮田雄一郎・山口昇一・矢崎清貫『地域地質研究報告（5万分の1地質図幅）「計根別地域の地質」』，地質調査所，1988，77頁．

16) 庄子貞雄・増井淳一「北海道上川郡標茶町のカムイヌプリ岳火山灰土壌の ^{14}C 年代－日本の第四紀層の ^{14}C 年代（97）－」，地球科学 28，1974，101 頁．
17) 町田　洋・新井房夫・森脇　広「日本海を渡ってきたテフラ」，科学 51，1981，562-569 頁．
18) 町田　洋・新井房夫『新編　火山灰アトラス－日本列島とその周辺』東京大学出版会，2003，336 頁．
19) Goto, Y. : A fallout tephra from Tenchozan Volcano, Shiretoko Peninsula, Hokkaido, Japan, *Bull. Volcanol. Soc. Japan*, 56, 2011, pp. 137-145.
20) 柳井清治・五十嵐八重子「北海道日高地方海岸段丘地帯における斜面崩壊の発生史とその古環境」，第四紀研究 29，1990，319-336 頁．
21) Kelsey H.・佐竹健治・澤井祐紀・Sherrod B. ・下川浩一・宍倉正展「北海道東部における完新世後期の急激な海岸隆起の繰り返し」，活断層・古地震研究報告 2，2002，223-233 頁．
22) 藤原伸也・中川光弘・長谷川摂夫・小松大祐「北海道中央部，十勝岳火山の最近 3,300 年間の噴火史」，火山 52，2007，253-271 頁．
23) 奥野　充・吉本充宏・荒井健一・中村俊夫・宇井忠英・和田恵治「北海道駒ヶ岳火山，Ko-f テフラの加速器 ^{14}C 年代」，地質学雑誌 105，1999，364-369 頁．
24) 中村有吾・平川一臣「北海道駒ヶ岳起源の広域テフラ，駒ヶ岳 g テフラの分布と噴出年代」，第四紀研究 43，2004，189-200 頁．
25) 勝井義雄・横山　泉・岡田　弘・坪　俊彰『恵山：火山地質・噴火史・活動の現況および防災対策』，北海道防災会議，1983，99 頁．
26) 荒井健一・宇井忠英「恵山」，（第四紀火山カタログ委員会編『日本の第四紀火山カタログ　1999　Ver.1.0（CD-ROM）』，日本火山学会，1999，所収）．
27) 佐藤博之「樽前火山灰 d 層の ^{14}C 年代－日本の第四紀層の ^{14}C 年代（65）－」，地球科学 25，1971，185-186 頁．
28) 木村方一・明石博志「帯広市八千代の縄文時代早期竪穴内の遺物の ^{14}C 年代」，地球科学 30，1976，57-59 頁．
29) 五十嵐八枝子・藤原嘉樹「苫小牧市高丘における恵庭 a 直上の腐植層の ^{14}C 年代－日本の第四紀層の ^{14}C 年代（143）－」，地球科学 36，1982，229-230 頁．
30) 梅津　譲「恵庭 a 降下軽石及び樽前 d 降下軽石の年代に関する資料」，東北地理 39，1987，141-143 頁．
31) 中村俊夫・辻誠一郎・菱田　量「池田 3 遺跡の加速器年代測定と谷埋積物・火山灰に関する資料」，（横山英介編『池田 3 遺跡－続－　埋蔵文化財報告 IV』，池田町教育委員会，1994，所収），87-90 頁．
32) 佐々木龍男・片山雅弘・富岡悦郎・佐々木清一・矢沢正士・山田　忍・矢野義治・北川芳男「北海道における腐植質火山灰の編年に関する研究」，第四紀研究 10，

1971，117-127 頁．
33）松下勝秀・鈴木　守・高橋巧二『5万分の1地質図幅「濁川」および説明書』北海道立地下資源調査所，1973，28 頁．
34）柳井清治・雁沢好博・古森康晴「最終氷期末期に噴出した濁川テフラの層序と分布」，地質学雑誌 98，1992，125-136 頁．
35）佐藤博之「最近測定された北海道の火山活動に関する ^{14}C 年代測定」，地質ニュース 178，1969，30-35 頁．
36）鴈澤好博・紀藤典夫・柳井清治・貞方　昇「北海道駒ヶ岳の最初期テフラの発見と初期噴火活動史の検討」，地質學雑誌 111，2005，581-589 頁．
37）勝井義雄「支笏降下軽石堆積物について－特に支笏カルデラ形成直前の活動について」，火山第2集4，1959，33-48 頁．
38）春日井昭・木村方一・小坂利幸・松沢逸巳・野川　潔「十勝平野に分布するいわゆる"帯広火山砂"について」，地球科学 22，1968，137-146 頁．
39）加藤茂弘「恵庭a降下軽石層の降下年代とその降下前後の気候」，地理学評論 67，1994，45-54 頁．
40）中村有吾・平川一臣「大雪御鉢平テフラの岩石記載学的特徴」，火山 45，2000，281-288 頁．
41）勝井義雄・横山　泉・伊藤太一「旭岳－火山地質・噴火史・活動の現況および防災対策－」，北海道防災会議，北海道における火山に関する研究報告書 7，1979，42 頁．
42）中村有吾・平川一臣・長沼　孝「北海道白滝遺跡と周辺のテフラ」，地學雑誌 108，1999，616-628 頁．
43）佐藤鋭一・和田恵治・中川光弘「大雪火山，御鉢平カルデラおよび旭岳の岩石記載と岩石の化学組成」，北海道教育大学大雪山自然教育研究施設研究報告 39，2005，1-16 頁．
44）Arai, F., Machida, H., Okumura, K., Miyauchi, T., Soda, T. and Yamagata, K.: Catalog for late Quaternary marker-tephras in Japan II : tephras occurring in northeast Honshu and Hokkaido, *Geographical Reports of Tokyo Metropolitan University*, 21, 1986, pp. 223-250.
45）佐藤博之「東北海道斜里地域における洪積世後期の火山灰と段丘」，地質調査所月報 19，1968，115-126 頁．
46）勝井義雄・佐藤博之『5万分の1地質図幅「藻琴山」および同説明書』北海道開発庁，1963，42 頁．
47）柳井清治・雁沢好博「北海道駒ヶ岳山麓における化石林の発見とその意義」，地球科学 42，1988，25-28 頁．
48）許成基・山崎　誠・佐高裕之・中川昌巳・秋山泰祐・平野令緒「支笏火山噴出層年代の再検討」，地球科學 55，2001，145-156 頁．

49) 柳田　誠「支笏降下軽石1（Spfa-1）の年代資料」, 第四紀研究33, 1994, 205-207頁.
50) 山縣耕太郎「支笏およびクッタラ火山のテフロクロノロジー」, 地学雑誌103, 1994, 268-285頁.
51) 山縣耕太郎・町田　洋・新井房夫「銭亀－女那川テフラ：津軽海峡函館沖から噴出した後期更新世のテフラ」, 地理学評論62A, 1989, 195-207頁.
52) 加藤茂弘・山縣耕太郎・奥村晃史「支笏・クッタラ両火山起源のテフラに関する加速器質量分析（AMS）法による^{14}C年代」, 第四紀研究34, 1995, 309-313頁.
53) 小野有五・平川一臣「十勝平野西・南部の火山灰層序」, 第四紀研究13, 1974, 35-47頁.
54) 町田　洋・新井房夫・百瀬　貢「阿蘇4　火山灰－分布の広域性と後期更新世示標層としての意義－」, 火山第2集30, 1985, 49-70頁.
55) 大場忠道「酸素同位体比層序からみた阿蘇4テフラおよび阿多テフラ」, 月刊地球13, 1991, 224-227頁.
56) Ooi, N., Tsuji, S., Danhara, T., Noshiro, S., Ueda, Y. and Minaki, M. : Vegetation change during the early last Glacial in Haboro and Tomamae, northwestern Hokkaido, *Japan, Review of Palaeobotany and Palynology*, 97, 1997, pp. 79-95.
57) 町田　洋・新井房夫・宮内崇裕・奥村晃史「北日本を広くおおう洞爺火山灰」, 第四紀研究26, 1987, 129-145頁.
58) 白井正明・多田隆治・藤岡換太郎「ODP日本海試料との対比に基づく男鹿半島安田海岸更新世中－後期テフラの同定と年代」, 第四紀研究36, 1997, 183-196頁.
59) 「北海道地方の第四紀テフラ研究」, 第四紀研究30, 1991, 379-390頁.
60) 中村有吾・平川一臣「十勝平野南部における酸素同位体比　ステージ5, 7, 9のテフラ」, 第四紀研究40, 2001, 373-384頁.
61) 春日井昭・藤田　亮・細川貢四朗・岡村　聰・佐藤博之・矢野牧夫「南部石狩低地帯の後期更新世のテフラ－斜方輝石の屈折率とMg-Fe比との比較研究－」, 地球科学34, 1980, 1-15頁.

第7章 京都市大水害
― GIS からのアプローチ ―

谷端　郷

I．本章の目的

　本章では1935（昭和10）年6月の京都市大水害[1]を事例に，災害記録に記載された被害に関する地理情報をGIS化し，空間分析などを実施して被害要因を定量的に分析し，被害の地域的特徴を明らかにすることを目的とする。

　日本において歴史災害研究へのGIS（地理情報システム）利用の最も早いものは，1990年代前半の関東大震災を対象とした研究であろう（望月・楠木，1993）[2]。これは，諸井によってもデータベースが構築されている（諸井，2007）[3]。また，文化遺産防災学における諸研究によってもGIS利用の意義と可能性が示され（吉越，2012[4]，2013[5]），とくにGISの機能の1つである可視化の意義が示されている（塚本，2012[6]）。他にも，空間分析などの機能を用いて定量的に分析する試みも行われている（川畑ほか，2004a[7]，2004b[8]）。このような状況も踏まえ，近年ではGISの特性を活用した分析を歴史災害研究に適用することによって，防災に寄与する知見を得ることが期待されている（川口，2009）[9]。

　近代になると浸水の痕跡高を計測したり，地形図に被災域を記録するなど被害の実態が定量的に把握されるようになった。また，地形図に代表される地形や土地利用など被害要因として検討すべき地理情報も，継続的に蓄積されるようになってきた。このため，とくに近代における歴史災害研究ではGISを用

いることで分析結果の実証性を高めることが期待される。

ところで，近代の都市水害に焦点を当て地理学的な観点から考察した先行研究は，管見の限り稲見（稲見，1964[10]，1976[11]）のものくらいであろう。しかし，稲見も浸水の有無の検討にとどまり，具体的な被災地域の特徴を検討することまではしていない。被災地域も地形環境や土地開発の歴史と関係しながら，様々な様相を呈していたと考えられる。したがって，被災地域の特徴を地形や市街地化の状態などと関連させながら考察することが必要である。以上の観点から本章では，典型的な盆地内の都市で，明治時代以降はやくも都市化が進行し，第二次世界大戦前の段階で6大都市にも挙げられていた京都市を取り上げ，1935年6月に同市を襲った洪水災害を事例とした。

京都市大水害における京都市の被害状況を分析した先行研究としては『土地条件調査報告書－京都・播磨地域－』の解説，日下，植村によるものが挙げられる。『土地条件調査報告書』の解説は被害の分布状況の説明に終始している（建設省国土地理院，1966）[12]。また，日下は京都市の水害史を旧市街地，旧市街地に連坦して住宅地化が進行しつつある漸移地域，桂川右岸や山科などの周辺地域に区分して分析した。その中で京都市大水害についても言及し，鴨川流域における旧市街地での浸水被害を念頭に，京都市大水害を旧市街地の水害と特徴づけた（日下，1969）[13]。ちなみに稲見も日下と同様の指摘をしている（稲見，1976）[14]。これらの研究では，鴨川流域以外の被災地域の特徴が分析されていないなど，より広域的な被災実態の分析が課題として残された。

最近のまとまった研究成果としては，植村によるものが挙げられる（植村，2011）[15]。ここでは元学区別に被害実態が地図化されるなど，被害実態の詳細な把握に力が入れられている。さらに，被災後の対応や治水対策の進展などについても目配りがなされ，京都市大水害の全体像を把握する上で有用な情報を提供している。ただし，各地の被害状況の記載に重点が置かれ，被災地域の特徴を分析するまでには至っていない。この他，谷端が社寺に特化した被害の空間的特徴を把握し（谷端，2013）[16]，赤石が地籍図と土地台帳とを組み合わせて，土地一筆単位というよりミクロスケールでの被災域の復原と被災後の住民の対応を分析・考察しており，方法論的にも注目される（赤石，

2007[17]，2012[18]，2014[19]）.

II．研究対象地域と京都市大水害の概要

1．研究対象地域

1935年当時の京都市[20]は，京都盆地の北部とその周辺の山地・丘陵地にわたる地域を市域としていた（図7-1）。京都市が位置する京都盆地の北半域は，

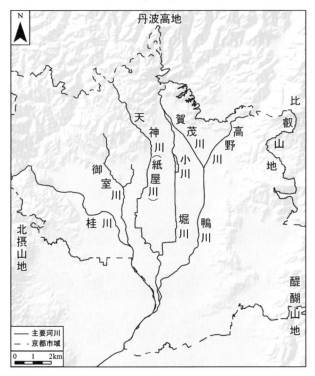

図7-1　地域概観図

陰影起伏は，「ArcGISデータコレクション　スタンダードパック2012」（ESRIジャパン）を用いた．
主要河川は基図からトレースしたものである．なお，基図は，陸軍参謀本部陸地測量部によって測量された25,000分1地形図で，1922年測量，1929年鉄道補入の「京都西南部」と，1922年測量，1930年鉄道補入の「京都西北部」，「京都東北部」，「京都東南部」である．京都市域は数値地図2500（空間データ基盤）を修正したものを用いた．

東西が約 10km，南北が約 18km で，北は丹波高地，東は比叡山地や醍醐山地，西は北摂山地によって囲まれている。これらの山地は，近畿三角帯と呼ばれる変動帯の一角を占める花折断層や樫原断層などの断層運動によって形成されたものである（植村，2004）[21]。そのため，京都市域では古くから，地震が発生してきた（赤石ほか，2006）[22]。また，京都盆地周辺の山地には，主に風化の激しい花崗岩から成るものがあり，盆地を流れる河川は多量の土砂を平野に供給し，時に山麓部で土石流をはじめとする土砂災害をもたらしてきた（諏訪，2012）[23]。

　盆地底の沖積平野西方には桂川が流れ，自然堤防や後背湿地が形成されている。桂川の氾濫は平安時代の右京衰退の原因にもされてきた（戸口，1996）[24]。一方で，盆地の東寄りを南流する河川には鴨川がある。鴨川の洪水は河床変動や流域の土地利用と関係しながら，いくつかの多発期が認められる。しかし，1935 年の水害後に大規模な鴨川の改修工事が行われ水害は減少傾向にある（河角，2004）[25]。そして，鴨川は下流で桂川と合流し，その後宇治川や木津川と合流して淀川となる。また，市内には天神川（紙屋川）や御室川，堀川などの小規模な河川も存在し，これらの小河川も京都市内の水害を考える上で欠かせない存在である（河角，2001）[26]。

2．京都市大水害の概要

　京都府測候所の観測では，1935 年 6 月 28 日の 19 時台に雨が降り始め，同日 23 時台，翌 29 日の 2 時台，6 時台に 1 時間雨量が 40mm を超える激しい雨が降った（京都府測候所，1936）[27]。また，28 日の 21 時〜23 時頃の間には雷も多発したことがわかっている（中央気象台，1935）[28]。28 日 10 時から 29 日 10 時までの 24 時間雨量は 269.9m で，観測史上最高値を記録した（京都府測候所，1936）[29]。豪雨域は京都市や南丹地域など局地的であった。京都府測候所の報告では豪雨の要因は台風などの低気圧ではなく，「寒暖雨気流に依る不連続線」とされた。この不連続線とは梅雨前線のことであり，この前線を太平洋高気圧より「吹き送られた湿潤なる南風」が刺激したためだとされた（京都府測候所，1936）[30]。また，局地的には淀川沿いから流れ込む高温多湿の風が比叡山近く

表 7-1 1935 年京都大水害における京都市の被害

区名	家屋総数(戸)	被害家屋数 (戸)						被災率(%)	死傷者数 (名)			
		全壊	半壊	流失	床上浸水	床下浸水	合計		死亡	重傷	軽傷	合計
上京区	48,932	9	76	26	530	6,672	7,313	14.9	2	1	2	5
左京区	22,402	11	43	68	1,123	4,623	5,868	26.2	3	3	2	8
中京区	32,042	1	13	3	1,444	6,640	8,101	25.3	1	1	1	3
東山区	24,407	4	11	0	778	1,746	2,539	10.4	0	4	3	7
下京区	42,505	2	27	4	5,878	6,496	12,407	29.2	3	23	17	43
右京区	16,146	8	78	84	2,490	4,199	6,859	42.5	2	8	5	15
伏見区	18,288	0	12	2	92	578	684	3.7	1	1	0	2
合計	204,722	35	260	187	12,335	30,954	43,771	21.4	12	41	30	83

家屋総数は『第26回京都市統計書』(京都市,1936年)の数値(1934年12月末現在)を用いた.
被害家屋数および死傷者数は,『京都市水害誌』(京都市,1936年)を用いた.
被災率は(被害家屋数の合計÷家屋総数)×100で算出した.

で上昇気流に転じ,豪雨を降らせた「地形的上昇気流」の存在が指摘された(京都府測候所,1936)[31]。この豪雨の結果,鴨川,堀川,天神川(紙屋川),御室川などが氾濫,破堤,溢流し,浸水面積が市域低地の27%を占めるに至った(京都市,1936)[32]。区別の被害表は表7-1の通りである。家屋の被災率は右京区で42.5%に達し,下京区(29.2%)や左京区(26.2%),中京区(25.3%)でも20%を超えた。この京都市大水害による死者は12名,負傷者は71名であった。

III. 研究方法

1. 研究資料

本章では京都市大水害の分析資料として『京都市水害誌』を利用した(京都市,1936)[33]。同誌は「将来の災害に処し教護其の他に遺憾なきよう向後の参考とする」(京都市,1936)[34]ことを目的として,災害が発生した翌年の1936(昭和11)年3月に京都市によって編纂された災害記録である。担当部署として同誌の凡例には京都市役所内の庶務課の名が記されている。総頁数は269頁である。また,同誌末尾には「鴨川水防史」が付され,それは文章と「京都被災記録」と題された年表から構成されている。

さらに，同誌には「被害状況図（昭和十年六月二十九日）」が付図として綴じ込まれている。これは，多色刷りで，縮尺が45,000分の1である。同図には当時の京都市のほぼ全域が含まれている。また，被害情報として浸水域や道路，橋梁，河川の被害箇所が図示されている。浸水域は「一尺以下」，「一尺－三尺」，「三尺－六尺」，「六尺以上」の4つの階級が，それぞれ赤，青，黄，紫の色で塗り分けられている。同図は浸水深の小さいものから大きいものへと変わるにつれて，配色が段階的に変わっていくようなものになっていないため，被害程度の地域差を読み取りづらい。また，同図の浸水域の記載は低地部に比べて山間部の方が粗雑にみえる。これは道路を目印として被災域が記載されているためであろう。低地部では主要道と間道が記載されているのに対し，山間部では主要道しか記載されていなかった。このことは，同図の大部分の情報が現地調査の結果に基づいた比較的精度の高いものであることを窺わせる。

以上の検討から，同誌付図の「被害状況図」は被害実態の詳細な分析に耐え得るものであると判断される。

2. 分析の手順

本章では前節で述べた資料を用いて以下の手順で分析を行った。

第1に，被害状況を把握するために，各種被害のGISデータを作成した。GISデータの作成方法は以下の通りである。まず，『京都市水害誌』の付図「被害状況図」をスキャニングして画像データをGISソフトウェアで読み込む。次に，国土地理院より提供されている基盤地図情報をベースにして，ジオリファレンス機能によって画像データに位置情報を付加する。指定した座標系は世界測地系の平面直角座系（第Ⅵ系）である。これにより，被災域などについてメートル法での面積計算が可能となる。最後に，GISのエディタ機能を使って「被害状況図」に記載された各種被害をトレースする。トレースの際には，浸水域をポリゴンで，河川や橋梁，道路の被害をポイントの形式で作成した。

第2に，分析の際に必要となる地理的特性として，当時の地形と市街地化の状態を明らかにした。まず，当時の地形を明らかにするために，既存の地形分類図を使用した。京都市を含む京都盆地の既存の地形分類図としては，大矢ほ

表 7-2　地形分類対照表

植村の地形分類	本研究の地形分類
基盤山地	山地
丘陵（大阪層群）	丘陵地
高位段丘 低位段丘 中位段丘	段丘
扇状地 I 扇状地 II	扇状地
氾濫原 I 氾濫原 II	氾濫原
自然堤防と古い盛土地 天井川沿いの微高地	微高地
谷底平野 低湿な谷底低地・ 盛土平坦化地	谷底低地
旧河道	旧河道
排水不良の低湿地 干拓地 溜池および水域の埋立地	氾濫原
水域	水域

旧河道は一部谷底低地に，溜池および水域の埋立地の一部は，周辺の地形にあわせて分類した．
植村の地形分類の出典は，植村善博『京都の地震環境』ナカニシヤ出版，1999，118 頁．

かの「淀川水害地形分類図」（大矢・久保，1993）[35]，国土地理院が 1965（昭和 40）年に調査した土地条件図「京都」および「京都南部」，植村著『京都の地震環境』（植村，1999）[36] 付属の「京都盆地の地震災害危険度マップ」などがある。これらの地形分類はいずれも作成目的が異なり，地形分類の結果に大きな違いがみられる。本章では大矢の水害を対象とした地形分類を参考にすべきかとも思われるが，植村の地形分類図の方がより詳細であることから，それを用いることとした。ただし，植村の地形分類は地震災害の危険度予測を目的としたものであるため，水害の分析に合うように分類名などを適宜改変した（表 7-2）。これを「被害概況図」と同様にポリゴンの形式で GIS 化した。

また，市街地化の状態を把握する資料として，明治時代から作成されている旧版地形図を用いた[37]。市街地化の状態に関する情報は各地形図に記載された建物密集地や建物敷地，集落などの記号から抽出した。具体的には100mメッシュをかけて，各メッシュ内で建物密集地や建物敷地などが半分以上を占めれば，そのメッシュは市街地化した地域とみなした。また，最初の地形図が刊行された明治中期以降京都市大水害を受けるまでの間，京都市は大規模な震災などを経験していないことから，市街地は拡大のみを続けたものと判断し，一旦市街地化したメッシュは，京都市大水害まで継続して市街地として存在したものとみなした。ここでは，1887（明治20）年時点の市街地（主に農業を生業とする集落も含む）を旧市街地，1887年から1931（昭和6）年までの間に市街地化した地域を新市街地（集落の拡大地も含む），山地・丘陵地部分を除く1887年から1931年までの間に市街地ではなかった地域を非市街地とした。

　第3に，被害状況図と地形分類や市街地の情報とを重ね合わせて，被害と地形や市街地化の状態との関連性を分析した。その際，面積計算機能により，地形や市街地化の状態ごとに浸水面積を集計し，被害の発生しやすい条件を定量的に把握した。加えて，地域的特徴も検討し，被害の一般的傾向だけでは把握できないような局地的な要因についても検討した。なお，これらの作業にはGISソフトウェアのArcGIS10.2（ESRI社）を用いた。

Ⅳ．浸水被害の分布とその要因

1．浸水および各種被害の分布

　まず，浸水の分布図を図7-2に示した。浸水面積は35.9km^{2}で全市域の12.4％を占めた。この数値は，浸水面積を11,270,000坪（1坪を3.31m^{2}で計算した場合37.3km^2）と報告した『京都市水害誌』の数値に近似する結果を得た（京都市，1936）[38]。また，浸水深別にみると，約30cm未満が12.9km^{2}で全浸水域の35.9％，約30cm〜1mが11.3km^{2}で同31.5％，約1m〜2mが7.9km^{2}で同21.9％，約2m以上が3.4km^{2}で同9.6％であった（他に浸水深不明のものが0.4km^{2}あった）。いずれの値も『京都市水害誌』の数値に近似する結果を得た。

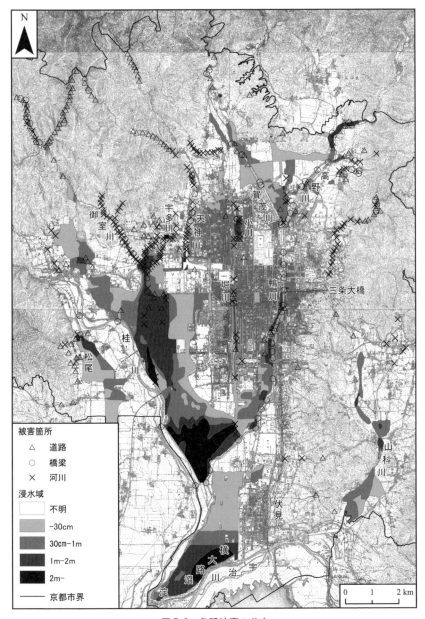

図 7-2 各種被害の分布

浸水域は,『京都市水害誌』(京都市, 1936 年) 付図の「京都市全図 被害状況図 (昭和十年六月二十九日)」より作成した.

基図は, 陸軍参謀本部陸地測量部によって測量された 25,000 分 1 地形図で, 1922 年測量, 1929 年鉄道補入の「京都西南部」と, 1922 年測量, 1930 年鉄道補入の「京都西北部」,「京都東北部」,「京都東南部」, 1922 年測量, 1931 年部分修正の「淀」,「雲ヶ畑」, 1922 測量の「宇治」,「大原」である.

このことから『京都市水害誌』に記載された浸水面積が,「被害状況図」に図示された浸水域の面積を計測することによって得られた値である可能性が示唆される。

次に,浸水域の分布をみると,浸水は桂川左岸や御室川流域,天神川流域,桂川・鴨川合流地点,堀川とその支流の小川,桂川右岸の松尾地域,賀茂川両岸,高野川沿い,賀茂川・高野川合流地点,鴨川右岸の三条大橋以南,鴨川下流の左岸,宇治川・桂川・木津川合流地点であった。また,浸水は京都盆地だけでなく山科盆地でも西部や山科川が宇治川に流れ込む直前の地域でみられた。このうち2mを超えるような浸水深が大きかった地域は,桂川と鴨川の合流地点や旧横大路沼付近にあった。浸水深が1〜2mの地域も御室川・天神川の合流地点,高野川沿い,鴨川沿い,淀付近でみられた。これに対して,洛中と呼ばれた旧市街地の大半,および伏見の旧市街地は浸水を免れていたことがわかる。

さらに,道路,橋梁,河川などの各被害の分布は以下の通りである(図7-2)。「被害状況図」で確認できた道路被害は167カ所であった。道路被害とは河川の氾濫による浸水あるいは山崩れのために埋没,流失,破損した道路のことである。『京都市水害誌』には国道,府道,市道を合わせて244カ所,そのうちとくに被害の大きかった箇所については路線別に166カ所の記載があることから(京都市,1936)[39],「被害状況図」に記された道路被害箇所は,道路被害の中でもとくに被害の大きかった箇所であると考えられる。その分布をみると,山間部や山麓部で多く,低地部でも鴨川沿いや右京でみられた。

橋梁被害とは橋梁の流失や破損のことであり,「被害状況図」で確認できた橋梁被害は71カ所であった。『京都市水害誌』には橋梁被害の合計が86カ所,そのうち被害の大きかった62の橋梁については,橋梁名とともに被害程度の記載が認められることから(京都市,1936)[40],同図記載の橋梁被害箇所はそのほとんどが網羅されていると考えられる。橋梁被害の分布をみると,堀川の上流,高野川,鴨川での被害が目立った。なお,鴨川については流木や流材による橋の流出や破損が多数にのぼったことが指摘されており,この要因として前年の室戸台風による山地の荒廃と倒木の放置によるものであることが指摘されている(植村,2011)[41]。

河川被害とは河川堤防の決壊や破損のことである。「被害状況図」で確認できた被害箇所は 171 カ所であった。『京都市水害誌』では河川堤防の決壊箇所 284, 破損箇所 114 の数値が認められるほか, とくに被害の大きかった河川堤防の決壊・破損箇所数が記載されており, その合計が 177 カ所である（京都市, 1936）[42]。このことから同図記載の河川被害箇所は被害の大きかった河川堤防の決壊・破損箇所について記されていると解釈することができる。河川被害箇所の分布をみると, 御室川や天神川, 白川, 堀川支流の小川など当時の郊外において被害が目立った。

2. 浸水被害と地形・市街地化との関連性

　まず, 地形別の浸水状況を検討した。山地・丘陵地と水域を差し引いた市内低地部の浸水面積は 34.7km^2 で, 市内低地部全域に占める割合は 26.4%であった。これは市内低地の 26.7%が浸水したと報告した『京都市水害誌』の数値（京都市, 1936）[43] に近似する結果となった。各地形の浸水域が全浸水域に占める割合をみると, 氾濫原が 59.5%と最も高く, 扇状地の 22.5%が続いた。また, 地形別の被災率に関して分割表の独立性の検定を行ったところ, 有意確率（両側, Fisher の直接法）が 0.05 未満であったのは, 山地・丘陵地, 段丘, 氾濫原, 微高地, 旧河道であった（表 7-3）。これらの相対リスク（特化係数）をみると, 山地・丘陵地と段丘の値は 1 より小さく, 氾濫原と微高地, 旧河道は 1 より大きい値を示した。このことは, 山地・丘陵地や段丘では他の地形に比べて浸水しにくく, 氾濫原や微高地, 旧河道では他の地形に比べて浸水しやすいという傾向を示している。中でも氾濫原と微高地, 旧河道の被災率は段丘や扇状地など他の地形に比べて 3 ～ 4 倍ほど高かった。なお, 自然堤防などの微高地上でも浸水がみられたということは, 比較的規模の大きな被害が発生したことが示唆される。

　次に, 地域別にみると氾濫原や旧河道, 微高地の浸水域は, 桂川流域や宇治川・桂川・木津川合流地点の氾濫原とほぼ一致した（図 7-3）。このような低地部での被害が一般的ではあったが, 局地的にはさまざまな地形で浸水がみられた。段丘での浸水域は右京区の広沢池周辺や段丘を縫って開析谷を形成している御

表 7-3 地形別の浸水域

地形		浸水あり	浸水なし	合計	相対リスク	p 値
山地・丘陵地	面積 (km²)	0.1	148.3	148.5	0.01	0.000*
	面積比(%)	0.1	99.9	100.0		
段丘	面積 (km²)	1.5	21.5	23.0	0.52	0.003*
	面積比(%)	6.5	93.5	100.0		
扇状地	面積 (km²)	7.8	41.2	49.0	1.28	0.130
	面積比(%)	16.0	84.0	100.0		
氾濫原	面積 (km²)	20.7	22.0	42.7	3.90	0.000*
	面積比(%)	48.5	51.5	100.0		
微高地	面積 (km²)	1.9	2.2	4.2	3.71	0.000*
	面積比(%)	46.2	53.8	100.0		
谷底低地	面積 (km²)	0.6	6.9	7.4	0.62	0.289
	面積比(%)	7.8	92.2	100.0		
旧河道	面積 (km²)	2.1	2.8	5.0	3.46	0.000*
	面積比(%)	43.1	56.9	100.0		
市域合計	面積 (km²)	34.8	245.0	279.8	1.00	
	面積比(%)	12.4	87.6	100.0		

地形分類項目のうち,水域 10.5km² は分析から除外した.
面積の数値は小数点第 2 位で四捨五入したため,「浸水あり」と「浸水なし」の和が合計値と一致するとは限らない.
p 値は有意確率(両側,Fisher の直接法)で,* は 5% 水準で有意を表している.
相対リスクは,各地形における「浸水あり」の面積比/「市域合計」の「浸水あり」の面積比.

室川,宇多川,天神川の周辺,船岡山周辺などにあたる.さらに,扇状地の浸水は右京区の帷子ノ辻や西院,安井,山内,桂川右岸の松尾周辺,賀茂川右岸,堀川沿い,賀茂川・高野川の合流地点,高野川沿いの松ヶ崎や高野,山端,鴨川沿いなどでみられた.

続いて,市街地化と浸水域との関連性を検討した(表 7-4).まず市街地化の状態を,1887 年時点で既に市街地化していた旧市街地(集落も含む)と,1887 年から 1931 年までの間に市街地化した新市街地(集落の拡大地も含む),山地・丘陵地部分を除いた 1887〜1931 年の非市街地の 3 つに分類した.市街地化の状態ごとの浸水域の内訳をみると 88.0% を占めた非市街地で圧倒的に高く,市街地では新旧とも大半の地域で被災を免れていた.ここで,市街地化の

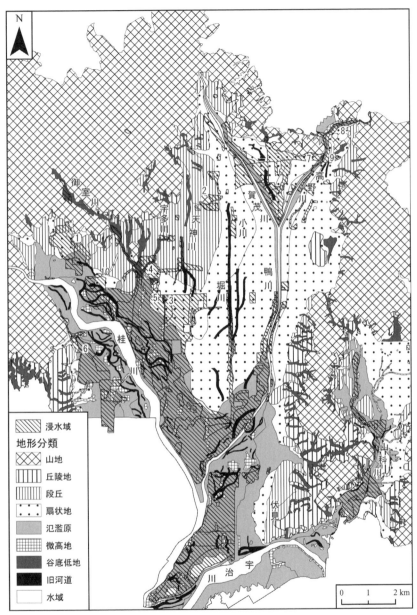

図 7-3 浸水域と地形

浸水区域は『京都市水害誌』(京都市, 1936年) 付図の「京都市全図 被害状況図 (昭和十年六月二十九日)」より作成した.
地形分類図は, 植村が作成した「京都盆地の地震災害危険度マップ」を改変したものである. 同図の出典は, 植村善博『京都の地震環境』ナカニシヤ出版, 1999, 118頁.
図中の数字はそれぞれ以下に挙げる地名に対応する. 1 広沢池, 2 船岡山, 3 西院, 4 安井, 5 山内, 6 松尾, 7 松ヶ崎, 8 高野, 9 山端, 10 帷子ノ辻.

表 7-4 市街地化の状態ごとの浸水域

市街地化の状態		浸水あり	浸水なし	合計	相対リスク	p値
非市街地	面積（km²）	29.5	67.0	96.5	1.16	0.095*
	面積比（%）	30.5	69.5	100.0		
旧市街地	面積（km²）	0.8	9.1	9.9	0.3	0.287
	面積比（%）	7.9	92.1	100.0		
新市街地	面積（km²）	3.2	17.1	20.4	0.6	0.275
	面積比（%）	15.9	84.1	100.0		
市域合計	面積（km²）	33.5	93.3	126.8	1.00	
	面積比（%）	26.4	73.6	100.0		

非市街地には山地・丘陵地面積は含まれない．
面積の数値は小数点第 2 位で四捨五入したため，「浸水あり」と「浸水なし」の和が合計値と一致するとは限らない．
p 値は有意確率（両側，Fisher の直接法）で，* は 10%水準で有意を表している．
相対リスクは，市街地化の状態ごとにおける「浸水あり」の面積比／「市域合計」の「浸水あり」の面積比．

　状態ごとの被災率に関して，分割表の独立性の検定を行ったところ，有意確率（両側，Fisher の直接法）は非市街地で 0.095 とわずかながら関連性がみられるにとどまった．非市街地の相対リスク（特化係数）は 1.16 であることから，市域低地部全体の被災率よりもわずかに高い．非市街地とは基本的に農地のことであり，これは氾濫原や低湿地などで被害に遭いやすいという地形との関連性がみられた結果と対応していると考えられる．ただし，その他の市街地化の状態では被災率に差はみられず，市街地では新旧にかかわらず局地的に被害があったといえる．
　そこで，地域的にみると，旧市街地・集落での被害は堀川や鴨川沿いなどの歴史的市街地内や下鴨神社周辺，主に農業を生業とする集落での被害は桂川沿い，宇治川・桂川・木津川合流地点などでみられた（図 7-4）．新市街地での被害は各集落で拡大した地域に加えて，鴨川沿いの五条・七条間など旧市街地内の内部充填的な市街地化地域，市域西部の壬生，花園，西院，安井，山内や高野川沿いの田中，紫野や下鴨などの市街地北辺，西九条や東九条の京都駅南部などで被害が目立った．このように，京都市大水害は，従来型の農業地域の水害という側面をもつ一方で，旧市街地内やそこから外延的に拡大した新市街

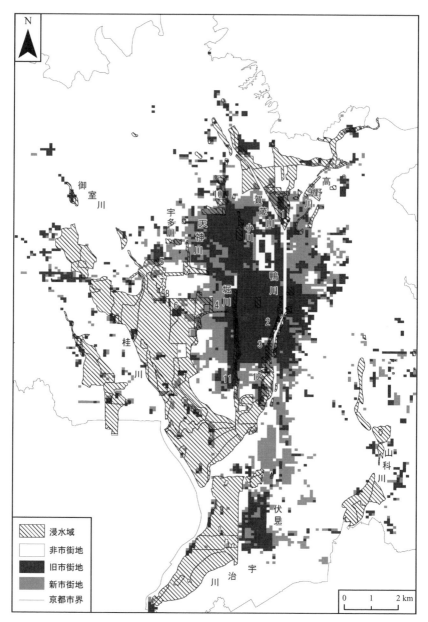

図 7-4 浸水域と市街地

浸水区域は『京都市水害誌』(京都市, 1936年) 付図の「京都市全図 被害状況図 (昭和十年六月二十九日)」より作成した.

市街地化の状態は, 1887年前後に測量された20,000分の1仮製図, 1922年測量, 1929〜1931年修正の25,000分1地形図を用いて作成した.

図中の数字はそれぞれ以下に挙げる地名に対応する. 1下鴨, 2五条, 3七条, 4壬生, 5花園, 6西院, 7安井, 8山内, 9田中, 10柴野, 11西九条, 12東九条.

地での局地的な水害という側面も併せもったものであったといえる。

3. 浸水被害の要因

　ここまで，浸水の要因として地形と市街地化とを個別にみてきたが，最後に両者の関係から被害要因を考察してみたい。桂川左岸では氾濫原とその中を自然堤防などの微高地が点在している。氾濫原には非市街地である農地が広がり，自然堤防上には集落が立地していた。この地域では，氾濫原上にあった農地が浸水するだけでなく，微高地に立地していた集落も浸水した。古くからの農業地域における被害の形態ではあったが，微高地上の集落も浸水したということは，比較的規模の大きな被害がみられたということを意味する。ちなみに，鴨川・桂川合流地点や宇治川・桂川・木津川合流地点では氾濫原が，右京区の広沢池周辺や太秦周辺では低位段丘が，帷子ノ辻や桂川右岸の松尾，市域北東部の松ヶ崎，高野，山端では扇状地がそれぞれ広がっていたが，これらの地域は当時，市街地化していなかったことから，桂川左岸氾濫原とほぼ同様の農業地域型の被害であったといえる。

　賀茂川・高野川合流地点より下流の鴨川の氾濫原は江戸時代に市街地化した地域である。豊臣秀吉による御土居建設後，角倉了以による高瀬川開削，寛文新堤などの土木事業を契機に段階的に氾濫原（河原）が開発されてきた。また，西院や西九条などの扇状地，東九条などの氾濫原は，大正時代の都市計画事業により市街地化が進展した地域である。その他，低位段丘上に位置する花園，西陣，扇状地上に位置する旧市街地西部の壬生，安井，山内など都市計画事業実施地域のさらに外縁でも被害がみられた。このように，被害を受けた市街地の特徴に明確な傾向は見出すことはできない。

　これらのことから，先にみた被害の発生のしやすさと旧市街地や新市街地であることとの間に関連性がみられなかったのは，旧市街地でも新市街地でも水害に遭いやすいような地形条件への市街地の展開が局地的なものであったためであると推察される。日下は本災害を旧市街地の水害と規定した（日下，1969）[44]。鴨川沿いの水害が被害程度としては大きく，鴨川大洪水[45]という呼称からも鴨川流域の被害が最も注目されたことは間違いない。しかし，旧市

街地の外延的な拡大により形成された新市街地における水害もみられた。また，桂川などの氾濫原における農業地域の水害もみられた。

さらに，『京都市水害誌』では浸水被害の実態だけでは把握できない局地的な被害甚大地域も報告された。左京区や東山区では山麓部の各所で山崩れが発生し，家屋が押しつぶされた。その結果，死者や重傷者が出るなど大きな被害が発生したのである（京都市，1936）[46]。このように，本災害の被災地域は地形や市街地化の状態などにより様々な様相を呈していたことがわかる。

V．本章のまとめ

本章では『京都市水害誌』付図の「被害状況図」をもとに，当時の京都市における浸水被害の要因をGISを用いて定量的に分析し，被災地域の特徴を把握した。その結果，以下の3つの被災地域の特徴を明らかにすることができた。

第1に，農業地域の水害である。これは桂川や宇治川・桂川・木津川の合流地点付近など，主に農地と農業集落の被害であった。この地域は戦後，都市化が進行し，やがて都市水害を受ける地域となる。本災害後，治水事業と合わせて，洛西工業地区や洛南工業地区の造成計画が立てられた。戦時中は戦局の悪化で事業が十分に進行しなかったものの，戦後，1954（昭和29）年の土地区画整理法が制定されたことにより，事業は進展して市街地化が促進された（伊藤，2009）[47]。このためこれらの地域では治水事業の進展が大規模な開発を促し，かえってリスクを高めてしまったとみることもできる。

第2に，農地の被害に比べると市街地の被害は局地的であった。鴨川や堀川沿いで旧市街地が浸水被害を受けた。また，右京区の天神川や御室川沿いなどで明治時代以降旧市街地から外延的に拡大した新市街地が被害を受けた。これらの市街地における都市水害が本格化するのは，桂川や宇治川・桂川・木津川の合流地点付近など流域の氾濫原が急速に都市化する第二次世界大戦後のことである。

第3に，浸水被害では把握できないような，さらに局地的な被害を受けた地域も存在した。東山の山麓部など山崩れによる家屋被害や人的被害である。

京都市は，京都市大水害まで山麓部への宅地の進出は同時期の神戸市などに比べるとそれほど顕著ではなかった。そのため，戦後に多発するような山麓部での土砂災害は，局地的にごくわずかにとどまっていたのである（池田，1982）[48]。

被災後今日に至るまでこの災害の教訓をどれだけ活かせているだろうか。被災後の対策のあり方や被災地域の分析を通じて検証することを今後の課題としたい。

[付記]
　本稿は，2015 年 3 月に立命館大学大学院文学研究科に提出した博士論文の第 4 章の一部を加筆修正したものである。

[注]
1) 1935 年 6 月末に京都市とその周辺地域を襲った豪雨災害は，京都大水害，京都市大水害，鴨川大洪水など様々な呼称が用いられているが，本章では京都市の災害を扱うので，京都市大水害と呼ぶことにした．
2) 望月利男・楠木紀男「地震被害のデータベース化とその活用－1855 年安政江戸地震と 1923 年関東大地震による江戸・旧東京市についての被害データベース－」，総合都市研究 51，1993，5-15 頁．
3) 諸井孝文「1923 年関東地震の全体像とその痕跡を伝える試み－関東大震災の写真と地図のデータベースの構築－」，立命館大学 21 世紀 COE プログラム・神奈川大学 21 世紀 COE プログラム・ジョイント・ワークショップ報告書「歴史災害と都市－京都・東京を中心に－」，2007，所収），47-56 頁．
4) 吉越昭久「歴史災害の復原から明らかにされる減災の知恵」，（吉越昭久・片平博文編『京都の歴史災害』思文閣出版，2012，所収），3-14 頁．
5) 吉越昭久「歴史災害の復原からみる減災の知恵－火災と水害をもとにした抽出と応用－」，（立命館大学「テキスト文化遺産防災学」刊行委員会『テキスト文化遺産防災学』学芸出版社，2013，所収），29-41 頁．
6) 塚本章宏「地理情報システムによる歴史災害の可視化」，（吉越昭久・片平博文編『京都の歴史災害』思文閣出版，2012，所収），15-29 頁．
7) 川畑光功・永田好克・柴山　守「近世大坂大火の GIS 分析と人口密度推計の可能性」，人文科学とコンピュータシンポジウム論文集 17，2004a，1-8 頁．
8) 川畑光功・永田好克・柴山　守「歴史史料の空間的再評価の可能性－近世大坂の大火を事例に－」，地理情報システム学会講演論文集 13，2004b，339-342 頁．

9) 川口　洋「歴史・地理とGIS」,(村山祐司・柴崎亮介編『生活・文化のためのGIS（シリーズGIS3)』朝倉書店，2009，所収)，155-170頁．
10) 稲見悦治『都市災害論序説』古今書院，1964，216頁．
11) 稲見悦治『都市の自然災害』古今書院，1976，260頁．
12) 建設省国土地理院編『土地条件調査報告書－京都・播磨地域－』建設省国土地理院，1966，127頁．
13) 日下雅義「都市圏の災害現象－とくに山城盆地の水害について－」,(研究代表者小林　博『西日本における都市圏の研究』昭和43年文部省科学研究助成金による総合研究中間報告，1969，所収)，113-121頁．
14) 前掲11），79-84頁．
15) 植村善博『京都の治水と昭和大水害』文理閣，2011，202頁．
16) 谷端　郷「昭和戦前期の京都市における風水害に伴う被災社寺の分布とその特徴－1934年室戸台風による風害と1935年京都大水害の事例－」,京都歴史災害研究14，2013，41-51頁．
17) 赤石直美「地籍図・土地台帳を用いた水害被災地の復原－京都市左京区大原上野を例に－」,歴史都市防災論文集1，2007，51-54頁．
18) 赤石直美「近代の水害と土砂災害－昭和一〇年京都市大水害を例に－」,(吉越昭久・片平博文編『京都の歴史災害』思文閣出版，2012，所収)，248-259頁．
19) 赤石直美「近代における農地の水害復旧－京都市周辺を例に－」,(宮本真二・野中健一編『自然と人間の環境史（ネイチャー・アンド・ソサエティ研究　第1巻)』海青社，2014，所収)，257-274頁．
20) 当時の京都市は上京区，左京区（岩倉村など愛宕郡の旧8カ村を除く)，中京区，東山区，下京区，右京区（現在の西京区や旧京北町を除く)，伏見区の7区であった．上京区は現在の北区，東山区は現在の山科区，下京区は現在の南区を含む範囲であった．
21) 植村善博「京都盆地」,(太田陽子・成瀬敏郎・田中眞吾・岡田篤正編『日本の地形6　近畿・中国・四国』東京大学出版会，2004，所収)，76-80頁．
22) 「京都歴史災害年表」によると，802（延暦21）年から1865（慶応元）年までの1,064年間に329件の地震発生の記録が確認されており，古記録にみられる京都の地震は出現頻度に時代的な偏りはあるものの，平均すると10年に約3回の割合で起こっている．赤石直美・塚本章宏・麻生将ほか11名「京都歴史災害年表」,京都歴史災害研究6，2006，11-215頁．
23) 「京都歴史災害年表」によると，平安時代初期から江戸時代後期にかけての間に確認された土砂災害はわずか2件に過ぎなかった（前掲22）の文献). これは，土砂災害が洛中の周縁部での出来事ということもあってか，古記録に被災の事実が記載されることはきわめて少なかったためと考えられる．しかし，近年では江

戸時代における比叡山南西麓の御蔭神社の土砂災害について絵図を用いた分析が行われるなど,個別の研究が積み重ねられつつある.諏訪浩「京都東山の土砂災害」,(吉越昭久・片平博文編『京都の歴史災害』思文閣出版,2012,所収),235-247頁.
24) 戸口伸二「平安京右京の衰退と地形環境変化」,人文地理 48-6,1996,584-595頁.
25) 河角龍典「歴史時代における京都の洪水と氾濫原の地形変化－遺跡に記録された災害情報を用いた水害史の再構築－」,京都歴史災害研究 1,2004,13-23頁.
26) たとえば,現在では右京衰退の原因として,天神川(紙屋川)の洪水氾濫を重視する見解がだされている.河角龍典「平安京における地形環境変化と都市的土地利用の変遷」,考古学と自然科学 42,2001,35-54頁.
27) 京都府測候所編『昭和十年六月二十九日水害調査報告』京都府測候所,1936,36頁.
28) 中央気象台編『雷雨報告昭和十年』中央気象台,1935,16頁.
29) 前掲27),1頁.
30) 前掲27),43頁.
31) 前掲27),5-6頁.
32) 京都市編『京都市水害誌』京都市,1936,118頁.
33) 前掲32),253+16頁.
34) 前掲32),1(凡例)頁.
35) 大矢雅彦・久保純子「淀川水害地形分類図(その1－その3)」,建設省淀川工事事務所,1993.
36) 植村善博『京都の地震環境』ナカニシヤ出版,1999,118頁.
37) 1887(明治20)年前後に測量された20,000分の1仮製図,1922(大正11)年測量,1929(昭和4)～1931(昭和6)年鉄道補入の25,000分の1地形図を用いた.
38) 前掲32),118頁.
39) 前掲32),87-90頁.
40) 前掲32),90-93頁.
41) 前掲15),122-123頁.
42) 前掲32),86-87頁.
43) 前掲32),82頁.
44) 前掲13),113-121頁.
45) 京都府のホームページ「昭和10年の鴨川大洪水とその後の治水対策について」,http://www.pref.kyoto.jp/kasen/1172825060356.html(閲覧日 2014年12月22日).
46) 前掲32),44-62頁.
47) 伊藤之雄「都市改良事業の停滞－戦時体制の展開－」,(京都市市政史編さん委員会編『市政の形成(京都市市政史 第1巻)』京都市,2009,所収),587-593頁.
48) 池田 碩「都市災害の被災域と質の変化－神戸・京都の水災害を事例として－」,(藤岡謙二郎編著『都市地理学の諸問題』大明堂,1982,所収),70-83頁.

第8章　南太平洋の人類の移動と自然環境

森脇　広

I．はじめに

　自然と人間との関係を地理学的に考える上で大きなテーマの一つは，人々の移動・移住と自然環境との関係である。人類の拡散過程において，人々はいつ，どのように移住していったか，これに自然環境はどのように関わっているかを知ることは興味深い。ここで扱う南太平洋は，ミクロネシア・メラネシア・ポリネシアにまとめられる多数の孤立した洋島からなる。こうした島はいわゆる閉鎖系が大陸域よりもより高いため，人々と自然環境との関係をより明瞭にとらえることができ，多くの興味深い報告がなされてきた（Nunn，1999[1]；Bahn and Flenley，2003[2]；ダイヤモンド，2005[3]）。本章では，東ポリネシアのクック諸島とニュージーランドを中心として，編年と海岸環境の視点から初期居住（initial settlement）と自然環境との関わりを考える（図8-1）。こうした問題については，これまで多数の報告がなされている。筆者もその概略について紹介した（森脇，2008）[4]。

II．南太平洋の人類の移動

　南太平洋の人類の移動に関し，かつてヨーロッパの探検家が，南太平洋の人々は南アメリカから貿易風にのって西方へ拡散してきたという仮説をもとに，葦

第 8 章 南太平洋の人類の移動と自然環境 147

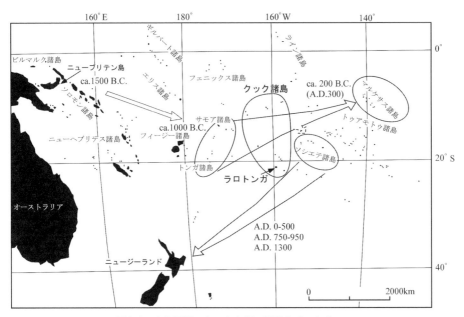

図 8-1 南太平洋の島々と人類の移動とその年代
(Jennings (1979) [5], Newnham *et al.* (1998) [6], Kirch (2002) [7] をもとに作成)

舟を使った実験航海を行い，これを証明したとの報告が，一般雑誌でセンセーショナルに取り上げられたことがあった。しかし，現在ではこれは信じられていない。その後の考古学的な調査が進むと，人々は東アジアを起源としてとして，南太平洋の島々を東方に移動したことが確実となった（Kirch, 2002）[8]。興味深いことは，この移動が貿易風（南東貿易風）の風向に反していることである。それは，帰りを強く意識しており，初期居住の東進が決して冒険のたぐいではなかったことが示唆されている（Irwin, 1992）[9]。

筆者は，かつてパプアニューギニアのニューブリテン島でテフラ（火山灰）編年調査のプロジェクトに加わって，この島の西部においてテフラ層調査を行ったことがある。ここには多くのテフラ層が認められ，層序・編年が明らかにされたテフラ層に挟まれた腐植土層の中には，多数の黒曜石のフレイクが介在している（Machida *et al.*, 1996[10]，図 8-2）。ニューブリテン島西部は黒曜石の産地として有名で，ここを起源とする黒曜石が東方の島々に広く拡散してい

図 8-2 ニューブリテン島西部のテフラと黒曜石のフレイク（森脇撮影）

ることが知られている。ここでは，約 $8000^{14}C$ 年前の腐植土層から人工的な黒曜石片が認められ（Machida et al., 1996）[11]，東方の島々よりも古くから初期居住の痕跡が存在したことが確認できた。

　南太平洋の人々（ラピタ文化）の東進は，次のようであったとされる（図 8-1）。メラネシア西側のパプアニューギニアのビスマルク諸島からソロモン，メラネシア東部のフィージーを経て，トンガ，サモアの西ポリネシアまでは移動は連続的で，西ポリネシアには 3000 年前頃には達した。その後 1000 年ほど間隙をもって，東ポリネシアのマルケサス諸島に移動した。ここから東ポリネシアの島々に拡散し，最終的には 1000 〜 500 年前頃にポリネシア北端のハワイ，東端のイースター島，南端のニュージーランドに到達した（Jennings, 1979）[12]。

　この拡散過程の 1 つの謎は，なぜ西ポリネシアから東ポリネシアへの移動に年代ギャップがあったかという点である。一般的には，それはトンガ，サモア

の西ポリネシアと東ポリネシア西縁のクック諸島の間は，他よりも距離が離れていることによるとされる。これに対し，この移動年代の間断は東ポリネシアの初期居住の調査が十分でないことによるもので，間断なく連続的に移住し，したがって東ポリネシアの初期居住はもっと古いとの仮説が提出された(Irwin, 1992)[13]。これに基づいて，東ポリネシアのクック諸島での花粉や炭素の分析などの理化学的な調査から東ポリネシアへの入植は従来の見解よりも早く，移動は連続的であったとの見解も出された（Kirch and Ellison, 1994）[14]。しかし依然確実性に乏しく，この間断問題は，南太平洋の人類の拡散研究において注目される検討課題の一つとなっている。

III. クック諸島

　東ポリネシアの西縁にあるクック諸島は，西ポリネシアのサモア，トンガに最も近いため，この「東進間隙」を検証するのに重要な位置にある。この問題を考えるのに，直接の人間の痕跡によって明らかにする考古学的な分析の他に，自然科学的な分析など様々な方法によって迫ることができる。その一つは上記のような人類による植生破壊の痕跡の分析であり，もう一つは上陸・居住の背景としての地形環境とその変化の分析である。

　地形概観　筆者は，クック諸島の南部地域のラロトンガ島において調査を行った。この報告（Moriwaki *et al.*, 2006[15]；2013[16]）を基にラロトンガ島の地形について紹介する。古い火山を基盤とするこの島は，長軸8km，短軸5kmの楕円形をなす。クック諸島の中では最も大きく，首都はここにある。クック諸島の中で，この島に最も多くの人々が居住しているのは，山岳が広いため，比較的大きい流域を持つ常流河川が存在し，人々の居住可能な海岸低地や段丘からなる平坦地が連続的に取り巻いていることによる。この島の基本的な地形は，山岳地帯，海岸平野，裾礁からなる（図8-3，図8-4）。

　この島は第四紀前期に形成された火山を基盤とし，中央部の少し北寄りに，カルデラ状地形と中央火口丘とみられる地形がある。このカルデラ状地形のカルデラ縁に高い峰が分布し，その最高峰（テマンガ）は標高653mに及ぶ。河

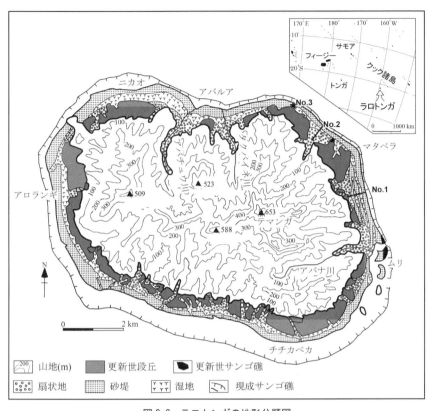

図 8-3 ラロトンガの地形分類図
(No.1-No.3 は図 8-7 の地形断面位置,Moriwaki *et al.*(2006)[17] を改変)

図 8-4 ラロトンガのサンゴ礁と海岸平野（森脇撮影）
左図：南岸，右図：東岸

川流域は，この概形を基盤として形作られている。最も長いのは南部を流れるアバナ川で，その他カルデラ内を流域とするアバチュウ川，タクバイネ川が大きい。

海岸平野とサンゴ礁　海岸平野は，更新世の海岸段丘・サンゴ礁と完新世の海岸低地からなる。海岸段丘は，基本的には1段で，最終間氷期の形成と考えられる。そのほとんどは離水扇状地からなっている。内陸側の山麓で標高は最高20mほどあるが，海岸側では海食で後退していないところは2mほどになる。この海岸側に同時期のサンゴ礁があるが，その標高はおよそ2m以下で，その大部分は海岸低地の堆積物により覆われており，地表にはきわめて断片的にしか露出していない。

海岸低地では内陸側の山麓に扇状地，この海岸側に扇状地からの湧水によって涵養された湿地帯がある。湿地では一般にタロイモが栽培されているが，近年その栽培は縮小している。この海岸側に砂堤地帯がある。

海岸低地の幅は平均400mで，南岸が狭く（平均幅310m），その他はこれより広い（平均幅470m）。東岸には，堤間湿地を挟んで数列の分岐した砂堤列群が特徴的に分布する（図8-3）。

サンゴ礁は裾礁をなし，全島を縁取る。その幅は平均400mで，南岸で広く（平均幅690m），その他は狭い（平均幅200m）。これは低地の幅の分布と対照的である。したがって，低地とサンゴ礁の合計幅は全島を通じほぼ類似し，その平均幅はおよそ1,100mとなる。海岸低地の基盤は全体としてサンゴ礁の礁原からなっており，海岸側に露出する現在の礁原に連続する。上記の海岸低地の発達合いは，基本的には，卓越風向に支配された沿岸流の影響を受けていると推定される。

ラロトンガ島は地殻変動的には安定しており，第四紀の海面変化に対して，扇状地，砂堤列，サンゴ礁からなる海岸地形システムは，現在の海面の高さで繰り返し形成されてきた。このため，最終間氷期と後氷期の地形システムが同じ場所に重なって存在している。ここには，日本の海岸段丘分布地域でみられるような隆起の蓄積によって新旧の地形が分離された海岸地帯とは異なった地形形成システムがみられる（図8-5）。

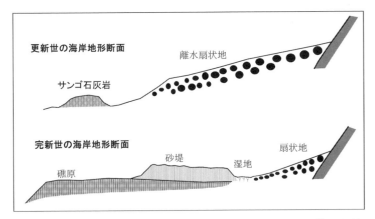

図8-5 ラロトンガの海岸地形の模式断面 (Moriwaki *et al.* (2013)[18] を改変)

集落は，砂堤地帯と離水扇状地に立地する。堤間湿地でタロイモ栽培，乾陸の砂堤・離水扇状地では，ココヤシなどの農作物が栽培されている。

初期居住と海岸低地の変化 この島での人々の初期居住を考える上で，海岸低地の変化の知見は重要である。ラロトンガ島を取り巻く海岸平野は，山地からの豊富な水源を背景として，クック諸島の中では居住に最も適しており，古い時期の初期居住が期待される。考古学的な調査によると，これまでの最も古い考古学的痕跡は，東岸のモツタプ島でのウム料理に使った礫群で，これに付着した炭の年代はおよそ700年前（岡嶋，1999）[19] を示し，西ポリネシアからの時間間隙のない連続的な人類移動の痕跡は見いだされていない。

一方，海岸低地の湿地の花粉分析によると，非樹木花粉が急増する年代は約3000^{14}C年前を示す（Fujiki *et al.*, 2014）[20]。このことは，ラロトンガ島への人々の入植による植生破壊が，この年代頃から始まったことを示唆する。しかし，この年代は西ポリネシアへの到達年代よりも古くなることなど，これまでの移動過程の常識とは異なる。また，後述のようにラロトンガ島の低地は，この時期には十分形成されていないことなど，検討すべき課題がある。湿地堆積物の堆積間隙を含めて，今後さらに検討がなされよう。

このような初期居住問題を考える上で，海岸低地の形成過程は基本的な資料

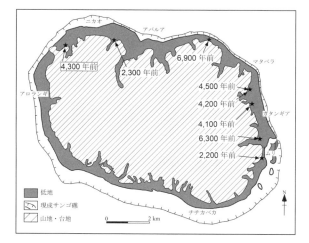

図 8-6 低地最内陸の形成年代 (Moriwaki et al. (2013)[21] を改変)

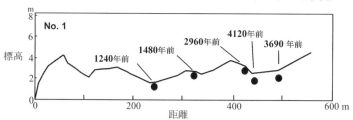

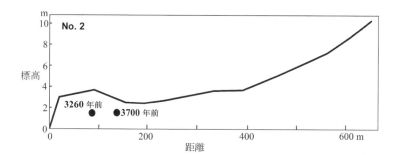

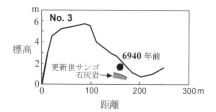

図 8-7 東岸の低地の地形断面と形成年代
(断面位置は図 3 参照, Moriwaki et al. (2006[22], 2013[23])) を改変

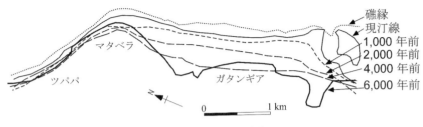

図 8-8 東岸低地の汀線変化
(Moriwaki et al. (2006[24], 2013[25]) を改変)

を提供する。海岸低地において，砂堤堆積物の系統的な ^{14}C 年代測定が行われ，海面変化と海岸低地の形成過程が求められている（Moriwaki et al., 2006[26]；2013[27]）。海面は約6000年前ごろに現在の高さに達し，その後ほぼ現在の海水準付近で安定し，現在に至る。こうした海面安定期に入って海岸低地が作られてきた。その形成は全体としてはおよそ4000年前ごろに始まる（図 8-6）。その後の汀線変化は東岸での詳しい調査から明らかなように，場所によって違いがある（図 8-7，図 8-8）。こうした低地の離水過程と関わって人々の移住は行われたものと推定される。今後の初期居住の痕跡調査は，ここで得られた海岸低地の形成過程を考慮すると，効率的に行うことができる。

IV. ニュージーランド

ニュージーランドは，フィージー，トンガなどに近いにもかかわらず，その初期居住は，マルケサス諸島などの東ポリネシアの島嶼よりも遅れる。その要因の一つは，ニュージーランドが貿易風帯からはずれた，より高緯度な位置にあったことである。ニュージーランドへは，先住民であるマオリの祖先がマルケサス諸島からツアモツ諸島を経て入植してきた。

ニュージーランドに人類が最初に到達した時期は西暦 0 − 500 年，西暦 750 − 950 年，西暦 1150 − 1300 年の 3 つの説がある（Lowe et al., 2000）[28]。西暦 750 − 950 年が最もオーソドックスなものとされるが，確定的ではない。0 − 500 年説は，ネズミの骨の年代からのものである。この島には，陸上の哺乳

図 8-9　ニュージーランド北島北部にみられるカハロアテフラ（森脇撮影）

動物はコウモリしかいなかったので，ネズミは人類とともに上陸したと考えられるからである。しかし，年代測定や層位にかかわる多くの検討は，その年代はまだ信頼に足るものとはいえないことを示している（Lowe et al., 2000）[29]。

　ニュージーランド北島は，多数のテフラ（火山灰）層が分布している。こうしたテフラ層は精度のよい年代，編年基準を提供し，人類史，古環境史などに適用されてきた。ニュージーランドの初期居住とかかわった鍵となるテフラ層はカハロアテフラである（図 8-9）。このテフラは，北島のタウポ火山帯，オカタイナカルデラにあるタラウエア火山から西暦 1314 年に噴出した（Lowe et al., 2000[30]；Hogg et al., 2003[31]）。このテフラは北島の北東から北西にかけて分布する。このテフラによって編年された泥炭層について北島各地で花粉分析がなされた。その結果，カハロアテフラを境として，顕著な樹木花粉の減少がみられ，このころに植生破壊が顕著になったことが明らかにされた（Newnham et al., 1998）[32]。この顕著な減少時期はほぼ北島全島に認められ，このころ古ポリネシア人の移住が広く行われたことが明らかとなった。

　北島北西部のオークランドは単成火山が約 50 個ある。この火山群の最新の噴火は，オークランド沖の単成火山であるランギトト島火山である。その噴火年代は，A.D. 約 1500 年である。この時の火山灰は，ランギトト島東方の島で

発掘された「人の足跡」を覆っており，明らかに入植はこれ以前であった。

以上のように，古ポリネシア人が入植した最後の大きな島であるニュージーランドには，遅くとも600年前までには到達していた。それがいつまでさかのぼるかは不明であるが，少なくとも600年前には植生破壊が明瞭になるほどの人々が生活していたことになる。

V．おわりに

海面変化や海岸環境の変化に関わる自然環境とその変化は，南太平洋の人類の移動に影響を与えた重要な要素である。こうした自然環境の変化と初期居住問題と関わった研究は着実に進展しつつある。西ポリネシアから東ポリネシアへの人類の移動になぜ年代的ギャップが生じたかについては，まだ確定的な検証はなされていない。考古学的な痕跡調査の他に，植生分析を中心とした自然科学的な調査も人間活動の痕跡の鍵となろう。さらにここで述べたような海面変化や海岸変化などを詳細に求めることによって，当時どのような移住環境であったかを知ることができる。

そうした関係を考える上で，精度のよい編年基準をなす火山灰層は重要な役割を果たす。ここで述べたようにパプアニューギニアやニュージーランドなどテフラ分布域では，南太平洋の人類移動の問題について，テフラ層を編年基準として大きな成果が得られている。

[注]
1) Nunn P. D. : *Environmental change in the Pacific Basin*. John Wiley & Sons Ltd. 1999, 357p.
2) Bahn, P. and Flenley, J. : *The Enigumas of Easter Island*.Oxford University Press, 2003.
3) ジャレド・ダイアモンド著／楡井浩一訳『文明崩壊－滅亡と存続の命運を分けるもの　上・下』草思社，2005，(上) 437 頁，(下) 433 頁．
4) 森脇　広「東ポリネシアの初期居住に関する自然史的背景」，(近森　正編『サンゴ礁の景観史－クック諸島調査の論集－』慶應義塾大学出版会，2008，所収)，21-26 頁．

第 8 章　南太平洋の人類の移動と自然環境　157

5）Jennings, J. : *The prehistory of Polynesia*, Harvard University Press, 1979.
6）Newnham, R.M., Lowe, D.J., McGlone, M.S., Wilmshurst, J.M., Higham, T.F.G. : The Kaharoa Tephra as a critical datum for earliest human impact in northern New Zealand. *Journal of Archaeological Science,* 25, 1998, pp.533-544.
7）Kirch, P. V. : *On the road of the winds- An archaeological history of the Pacific Islands before European contact.* University of California press, 2002, 424p.
8）前掲 7）.
9）Irwin, G. : *The Prehistoric Exploration and Colonization of the Pacific.* Cambridge University Press, 1992, 240p.
10）Machida, H., Blong, R.J., Specht, J., Moriwaki, H., Torrence, R., Hayakawa, Y., Talai, B., Lolok, D., Pain, C.F. : Holocene explosive eruptions of Witori and Dakataua caldera volcanoes in West New Britain, Papua New Guinea.*Quaternary International-The Journal of the International Union for Quaternary Research*, vols.34-36, 1996, pp.65-78.
11）前掲 10）.
12）前掲 5）.
13）前掲 9）.
14）Kirch, P.V. and Ellison, J. : Palaeoenvironmental evidence for human colonization of remote Oceanic islands. *Antiquity,* 68, 1994, pp.310-321.
15）Moriwaki, H., Chikamori, M. Okuno, M. , Nakamura, T. : Holocene changes in sea level and coastal environments on Rarotonga, Cook Islands, South Pacific Ocean. *The Holocene*, 16-6, 2006, pp.839-848.
16）Moriwaki, H., Nagasako, T., Okuno, M., Kawai, K., McCormack, G., Cowan, G., P.T. Maoate : Geomorphic developments of the coastal landforms on Rarotonga, Cook Islands,South Pacific Ocean. Crowl, L., Crocombe, M.T., Dixon, R. (eds) *Ron Crocombe: E Toa!* (651p.) USP Press, Suva, 2013, pp.60-74.
17）前掲 15）.
18）前掲 16）.
19）岡嶋　格「クック諸島，ラロトンガ島の西暦 13 世紀のカニバリズム」，日本民族学会第 33 回研究大会報告要旨，1999，59 頁.
20）Fujiki, T., Okuno, M., Moriwaki, H., Nakamura, T., Kawai, K, McCormack, G., Cowan, G., Maoate, P.T. : Vegetation changes viewed from pollen analysis in Rarotonga, southern Cook Islands, eastern Polynesia. *Radiocarbon*, 56, 2014, pp.699-708.
21）前掲 16）.
22）前掲 15）.
23）前掲 16）.
24）前掲 15）.

25) 前掲 16).
26) 前掲 15).
27) 前掲 16).
28) Lowe, D.J., Newnham R.M., McFadgen, B.G., Highm, T.F.G. : Tephras and New Zealand archaeology. *Journal of Archaeological Science*, 27, 2000, pp.859-870.
29) 前掲 28).
30) 前掲 28).
31) Hogg, A.G., Higham, T.F.G., Lowe, D.J., Palmer, J., Reimer, P., Newnham, R.M. : A wiggle-match date for Polynesian settlement of New Zealand. *Antiquity*, 77, 2003, pp.116-125.
32) 前掲 6).

第 9 章　環太平洋の災害と文明

高橋　学

I. 視点

　一般に欧米で使用されている世界図を観ると，エルサレム付近を中心に描かれた物が多い。また，大西洋を中心に描かれたものも少なくない。これらの地図を観ると，太平洋は地図の右端と左端に分断して描かれている。世界の東の果ては，片やアリューシャン列島，カムチャッカ半島，千島列島，日本列島，琉球列島などの高い山を越えると茫漠たる広さの太平洋で終わる。また，西の果ては，アラスカ山脈，ロッキー山脈，カリフォルニア半島からアンデス山脈などを経て，こちらも太平洋で終わる。このような地図を観ていると，日本列島はまさに極東に位置している。日本や大韓民国などの学校教育で使われている世界地図を除き，太平洋が中心に，そしてその周辺に火山帯や地震の頻発地域が取り巻いている「環太平洋」を認識できる地図は，極めてまれである。

　地球儀を見慣れている人を除き，欧米などでは「環太平洋」という概念はないことが多い。1853年にペリーが黒船で浦賀沖に姿をみせた時，彼らはアメリカ大陸東岸を出発しアフリカやインドを経由して来た。また，ロシアバルチック艦隊が日本海に姿をみせた日露戦争日本海海戦（1904年）の時も，艦隊はアフリカ経由と1869年に完成したスエズ運河経由して来た。大陸横断鉄道（1869年）が北アメリカを貫いて，東海岸から西海岸まで到達し，西海岸に都市が開発されるまで，太平洋航路はさほど重要ではなかったのである。ア

表 9-1　1900 年以降における M8.5 以上の地震

マグニチュード	地震名	国名	発生年月日
M9.5	バルデビア地震	チリ	1960 年 5 月 22 日
M9.2	アラスカ地震	USA	1964 年 3 月 27 日
M9.1	スマトラ・アンダマン地震	インドネシア	2004 年 12 月 26 日
M9.0	カムチャッカ地震	ロシア	1952 年 11 月 4 日
M9.0	東北地方・太平洋沖地震	日本	2011 年 3 月 11 日
M8.8	エクアドル地震	コロンビア	1906 年 1 月 31 日
M8.8	ビオビオ（マウレ）地震	チリ	2010 年 2 月 27 日
M8.7	マリアナ地震	マリアナ	1914 年 11 月 24 日
M8.7	アラスカ地震	USA	1938 年 11 月 10 日
M8.6	カングラ地震	インド	1905 年 4 月 4 日
M8.6	バヌアツ地震	ニューヘブリデス	1910 年 6 月 16 日
M8.6	スラウェシ地震	インドネシア	1939 年 12 月 21 日
M8.6	察隅地震	チベット	1950 年 8 月 15 日
M8.6	アンドレアノフ地震	USA	1957 年 3 月 9 日
M8.6	スマトラ沖	インドネシア	2012 年 4 月 11 日
M8.5	ミンダナオ島地震	フィリピン	1918 年 8 月 14 日
M8.5	海原地震	寧夏	1920 年 12 月 16 日
M8.5	アタカマ地震	チリ	1922 年 11 月 11 日
M8.5	カムチャッカ地震	ロシア	1923 年 2 月 3 日
M8.5	バンダ地震	インドネシア	1938 年 2 月 1 日
M8.5	スマトラ地震	インドネシア	2007 年 9 月 12 日

メリカ横断鉄道を使用せず太平洋航路を取り北米東海岸のワシントンと日本の間を航海すると, 1914 年にパナマ運河が完成するまでは, 南米大陸南端とフェゴ島との間のマリャガネス海峡（マゼラン海峡：1881 年に国際航路）か, ホーン岬と南極大陸との間のドレーク海峡を通らざるをえなかった。しかし, これらは, 常に温帯低気圧の通過する場所で, 世界で最も荒れる海域として"shrieking sixties（吼える 60°）" 呼ばれてきた。大西洋から南米南端付近を通る航路は恐れられていたのである（Denis, 2014）[1]。

　軍艦奉行の木村摂津守喜毅や勝麟太郎を乗せた咸臨丸は, 1860 年品川を出て, 太平洋航路でサンフランシスコに到着したが, そこから日本へ引き返している。ところが, 1871 年に岩倉具視らの使節団は, アメリカ号で太平洋を横断し, 完成して間もない大陸横断鉄道を使用してワシントン D.C. を経て, ヨー

表 9-2　地震被害ワースト 10（1975 〜）

死亡者概数	地震名	発生年月日	マグニチュード	国名
316,000 人	ハイチ南部地震	2010 年 1 月 12 日	M7.3	ハイチ
242,800 人	唐山地震	1976 年 7 月 28 日	M7.8	中国
227,898 人	スマトラ・アンダマン地震	2004 年 12 月 26 日	M9.1	インドネシア
86,000 人以上	カシミール地震	2005 年 10 月 8 日	M7.7	パキスタン
69,227 人	汶川地震	2008 年 5 月 12 日	M8.1	中国
43,200 人	バム地震	2003 年 9 月 25 日	M6.8	イラン
35,000 人	イラン地震	1990 年 6 月 20 日	M7.7	イラン
25,000 人	スピタク地震	1988 年 12 月 7 日	M6.8	アルメニア
22,870 人	グアテマラ地震	1976 年 2 月 4 日	M7.5	グアテマラ
20,023 人	インド西部地震	2001 年 1 月 26 日	M8.0	インド

ロッパへ向かった。

　世界の中心をエルサレムや大西洋とした地図をみていた場合，大陸漂移説を唱えたアルフレッド・ウエゲナーのように南アメリカ東海岸とアフリカ西海岸がつながってみえるという利点があった。太平洋を中心に世界地図を観ると，「環太平洋」造山帯（地震帯）という地域的特徴がみえて来る。地震の観測が比較的正確にできるようになったと考えられる 1900 年以降について注目すると，22 例の M8.5 以上の地震のうち，19 例は環太平洋地域に集中しているのである（表 9-1）。アルプス・ヒマラヤ造山帯は，環太平洋造山帯とともに，世界の 2 大造山帯ともいわれているものの，環太平洋造山帯が多くの火山を伴っているのに，アルプス・ヒマラヤ造山帯には，ヴェスヴィオ山，エトナ山，エルブルス山，アララト山，ダマーヴァンド山といった火山が点在しているものの，活動が活発な火山は少ない。アルプス・ヒマラヤ造山帯では火山よりも褶曲活動が顕著なのである（国立天文台，2014）[2]。

　ただし，表 9-2 に示したように地震の被害である震災のワースト 10 についてみると，インド洋大津波で甚大な犠牲者の出た 2004 年スマトラ・アンダマン地震（死亡者 33 万人以上：2 位：M9.1 〜 9.3），2010 年ハイチ地震（2010 年：23 万人：3 位：M7.0），1976 年グアテマラ地震（死亡者 22,900 人以上：10 位：M7.5）の 3 例が環太平洋地域で発生しているにすぎない（国立天文台，2014）[3]。地震の規模は死亡者の数と比例するとは限らないのである。たとえば 1976 年

に中国河北省で発生した唐山大震災は，地震の規模は M7.5 に過ぎなかったが，死亡者は65万5千人をはるかに超えると考えられている。人口密度や建物の耐震性などにより，地震の規模が大きくても震災の規模が大きくなかったり，その反対に大きくなったりする。

II．環境変動と時間精度

19世紀末にW.M.デービス（1969）は地形輪廻の考えを提示し，山地の形状から形成順序を整理しようとした（Davis, 1969）[4]。それは絶対年代を知り得なかった当時の限界を示していた。1950年代になるとW.F.リビーによって^{14}C年代測定法（遠藤，1978）[5]が提案され，テフロクロノロジー（町田・新井，1992）[6]の進展とともに，10^4年スケールで平野の形成年代が論じられるようになった。この段階では，環境変動と人間活動とのかかわりはさほど明瞭でない。1960年代後半になると，臨海平野の開発の進行を背景に，沖積平野におけるボーリングデータが充実し，氷河性海水準変動の考えが導入され10^3年スケールで環境変動が論じることがはじまった（井関，1983）[7]。また，1978年になると，これまでローカルネームで呼ばれていた火山灰が，約7300年前に噴出した幸屋火砕流と鬼界アカホヤ火山灰であることが確認された（町田・新井，1978）[8]。そして，種子島，屋久島，薩摩半島さらに大隅半島南部を中心に九州の縄文人は大打撃を受けてほぼ絶滅し，縄文時代時代早期と前期を分ける指標となった。

このような研究の流れの中で，1980年代になると10^2年〜10^1年スケールの研究が考古学の発掘調査の進展とともに進行し始めた。タイムスケールが精緻になることで，これまであまり手がつけられてこなかった人間の生活と環境変動との関わりが問題とされるようになった。安田（1990）[9]はこのような状況の中で，垂直にサンプリングされ時代による変化を示していると考えられてきた花粉分析結果に対して，発掘調査で明らかになった同一地表面の花粉分析を行い，方形周溝墓の上ではヨモギ属の花粉が多く，その下ではイネ科花粉が多く検出されることを明らかにした。同一地表面であっても土地条件が異なれば

花粉組成が異なっていたのである。遺跡における環境復原にとっては，コペルニクス的転回であり，斬新なアイデアであった。しかし，このことは環境変動の検討にとっては，両刃の剣であった。すなわち，ある場所における垂直的なサンプルの採集は，単なる時間による変化だけを表しているわけではないのである。この点で遺跡の花粉分析における環境変動の限界がみえてきた。

さて，より精度の高い環境変動の研究には，「より正確な時間の物差し」が必要である。これまで①グリーンランドにおけるアイスコアの分析，②南米カリアコ海盆における海底ボーリングの分析が代表的なものであった。また，ヨーロッパでは氷河の末端で形成される③氷縞粘土の分析が代表的なものである。

グリーンランド氷床コアで，Alley（2004）[10]は，過去11万年間の気候変動について，温暖化が氷河期が始まるきっかけになると述べている。氷床変動と環境変動から，気候モデルによる将来予測に不可欠なデータを提供することが目的とされているが，その精度は10^3年であることや，高緯度地域のデータで人類の生活環境との関係を明らかにする観点が希薄なことなどが弱点と言える。

ベネズエラのカリアコ海盆では，深海底の堆積物に縞模様があり年代を数えられるが，海洋リザーバー効果により^{14}Cの値が古い方にずれる難点があって，推定値が数百年の不確かさを生むことが避けられなかった（奥村，1995）[11]。

さて，約2万年前に氷河によって覆われていた北西ヨーロッパでは，気温の上昇とともに融解した氷河の末端に堆積した氷縞粘土によって，10^0年スケールの環境変化が明らかにされるようになった。氷河に覆われた土地が露出すると，そこに進出する植物相や動物相は極めて貧弱で多様性を欠いていた。また，氷河が縮小して土地が露出する以前の環境変化については論究することが不可能であった。このような場所においては，樹木の年輪年代も氷河が存在している時代以前にまで遡ることはできない。さらに，氷河の存在しない地域では，このスケールでの環境変動の研究は不可能と考えられていた。

ところが，1993年に福井県水月湖からえられたボーリングサンプルには，安田喜憲によって縞模様が確認された。この縞模様は「年縞」と名づけられた。最初，継ぎ目で欠損していた地層もボーリングを複数行うことで約46mの連

続したサンプルが得られ,現在から 5 万年前まで高精度で,読み取ることができることが確認された(中川,2010)[12]。分析は,まだ途上であるが,寒冷な時代では寒暖の差が大きく,温暖な時代は比較的気候が安定していることがわかった。

氷河期のはじまりへの変化は徐々であったが,氷河期が終了し温暖期になるのは極めて短期間,短ければ 1 年で生じるらしい。最後の氷河期から気候は一時的に温暖化(アレレード期)し,再び寒冷化する。この気候の寒冷化は,ヤンガードリアスと呼ばれ,しばしば西アジアでの農耕の開始と関連づけられる(Richard, 2004)[13]。寒冷化と乾燥化がその地域の環境収容力の低下をもたらして前期ナトゥーフ時代の住民の生活様式を変化させ,さらなる気候の悪化によって食料を生産する必要性が生じたという説が出てきた(Alley, 2004)[14]。他方,この寒冷化が終わったことが農業の開始と関係するという考えもあり,この問題については議論が続いている[15]。地球規模で年単位の環境変動が論じられ始めたのである。シリアのテル・アブ・フレイラ遺跡(11050yBP)では,ライムギが発見されている[16]。

これに対して,文明が遅れていたとみなされてきた長江中流域で画期的な発見があった。安田をリーダーとする調査団(安田,2000)[17]は,長江中流域の湖南省八十壋遺跡や彭頭山遺跡で確実に稲作が行われていた証拠を発見した。この地域の調査は,古い炭化米が発見された玉蟾岩遺跡などの洞穴遺跡とは異なり平野に立地をしている。彭頭山遺跡出土の炭化米の AMS 年代は,暦年代 8650〜7900 年前,八十壋遺跡から出土した籾殻の AMS 年代は 7800〜7600 年前であった。このことから長江中流域において稲作に立脚した稲作農耕集落の誕生が暦年代 8000 年前までさかのぼることは確実であり,稲作農耕の起源はそれよりもはるか以前の 1 万年以上前頃までさかのぼる可能性がきわめて高いと考えられている(安田,2009)[18]。

III. 太平洋地域おける環境変動のテレコンバート

さて,あつかえる時間精度が細かくなるに従って,環境変動は人間の生活と

の関係が密接になる。たとえば，10^0 年単位になれば，地震，火山噴火，台風などの現象が捉えられるようになる。すなわち，環境変動が人間にとって災害として認識されるようになるのである。

1. ラ・ニーニャ現象とエル・ニーニョ現象

太平洋に目を向けると，ここでは赤道付近を東から西に向けて移動する海流や気流が重要な役割を果たしている。一般に，赤道付近では北上してきた寒流のフンボルト海流（ペルー海流）の影響で冷たかった南米沖の海水温が，太陽の熱で熱せられて西に行くほど温度が高くなる（山元，1989[19]，図 9-1）。そして，フィリピン，インドネシア沖の海域は比熱の大きな海域に熱エネルギーが集積した場所である。ここでは，海水や空気に貯めこまれた熱エネルギーにより猛烈な上昇気流が発生し熱帯低気圧（台風）が形成される。もちろん，同様なことは大西洋やインド洋でも生じるが，海域が広い分，西太平洋における熱エネルギーの蓄積は大きくなる。

そして，その暖かく湿った気流は，ヒマラヤ山脈やチベット高原にぶつかって，東南アジアに大量の降水をもたらす。特にラ・ニーニャ（小さな女の子：

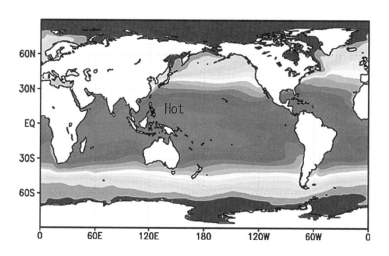

図 9-1　西太平洋における熱エネルギーの集積（気象庁 HP に一部加筆）[20]

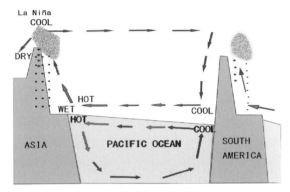

図 9-2　ラ・ニーニャ模式図（山元，1989[21]）を参考に高橋作成）

図 9-3　**タイの洪水**（東洋経済オンライン，2011）[22]

スペイン語）現象と呼ばれる西風卓越する時にはその傾向が顕著である（山元，1989[23]），図 9-2）。2011 年には，チャオプラヤ川やメコン川の流域で洪水が発生した。人件費の高騰などにより中国からタイにシフトした日系企業などの工業団地は最大で 3m 程度浸水し，それが 1 カ月以上続いたのである。河川の堤防も完備されないまま，後背湿地を埋め立てて造成した工業団地では，水害が発生するのは火をみるより明らかであった。また，大規模な工業団地がいくつ

図 9-4　アントファガスタのスクオッター集落（高橋撮影）

も造成されたことにより，後背湿地の貯水量が減少し，微高地の砂堆上に位置していた首都のバンコクや旧都のアユタヤでも水害が発生した（図 9-3）。この水害は，大雨が続いたということに加えて，土地条件を無視した土地開発にも原因があった。

　さて，このようなラ・ニーニャ現象が生じている時，太平洋の東端の南米では，アンデス山脈から乾燥した冷たい空気が降下してくるため乾燥が著しく，アタカマ砂漠などが形成されている。チリの北端に近いアントファガスタは，かつてはグアノ起源の硝石，現在は銅鉱石が産出するため砂漠の中に街が形成されているが，街で使用する淡水のほぼ半分は海水をフィルターで濾過して人工的に造られている。街は銅鉱石の採掘や精錬で潤っており，港には銅のインゴッドを積載した船が日本に向けて出港の準備をしている。また，この街の裕福さに目をつけて，国の内外から不法占拠者が集まってきており，土石流扇状地帯の山際にはスクオッターが集住し（図 9-4）治安が悪くなっている。

　さて，非常に単純化していえば，南米の赤道付近で西風が卓越し海水温が上り，海底からの湧上水→栄養塩類の上昇→プランクトン増大→カタクチイワシ（アンチョビー）の増加→水鳥の増大→窒素肥料となるグアノの増大というサ

イクルが，クリスマスの頃に，一時的に断絶するため，エル・ニーニョ（小さな男の子＝イエス・キリスト）現象と呼ばれている。この時，アンデス山脈西側では雨が降る。その量は少ないが禿山であるため，時間当たり20mm程度でも山麓ではワイコと呼ばれる土石流が発生する。反対に東南アジアでは，降水が少なく焼畑農業の火が制御できなくなり大火事になったりする。

他方，ラ・ニーニャ現象の時などフィリピン，インドネシア沖の海域に蓄積された熱エネルギーは，北に向かう黒潮（日本海流）になり犬吠崎付近まで日本列島の南側に沿って流れる。また，その一部は枝分かれし，対馬海流として日本海に流入する。海水は比熱が大きいため冬になっても容易には冷えない。他方，比熱の小さな岩石から構成されている大陸は，冬には急速に冷えるため，下降気流が生じ高気圧となる。また，日本列島の太平洋側では相対的に低気圧となり，いわゆる「西高東低」の気圧配置となる。大陸と海水の温度差が大きいほど，日本列島付近は厳しい冬になる。

さらに，ユーラシア大陸で乾燥して寒冷になり吹き降ろしている下降気流は，日本海を渡るうちに，相対的に暖かい対馬海流から蒸発する大量の水分を含み日本列島にぶつかって上昇気流となる。そうして雲が形成され，大量の雪となって日本海沿岸地域に降ることになる（安田，1990）[25]。当初，赤道付近の南米西海岸の局所的な気象現象と考えられていたエル・ニーニョ現象などは，太平洋を渡りヒマラヤ山脈やチベット山脈の南麓の降水量や日本列島の冬の寒さや日本海側の降雪量とも深くかかわっているのである。

現在，年縞研究の代表的な地域は，三方五湖の水月湖（International Calibration 13 に採用），NGRIP（グリーンランド），スブランコ湖（カナダ），カリアコ海盆（ベネズエラ），アイフェル地方（ドイツ），マラトト湖（ニュージーランド）などである。このうち水月湖をはじめ5地点が北半球に位置し，南半球に位置するのはニュージーランド北島のハミルトンの南に位置するマラトト湖だけである。年縞研究の最前提である年縞が春夏堆積層と秋冬堆積層の1セットが1年に堆積するのであれば，北半球と南半球ではセットの単位が半年分ずれることになると考えられる。管見による限り，年縞を用いた半年分ずれやエル・ニーニョ現象，ラ・ニーニャ現象に関する問題については，まだ報

告をされていないがいずれ問題になろう。

2. 環太平洋地域の地震と火山活動

信頼できる地震に関する観測データが得られるようになったのは，ほぼ20世紀に入ってからである。20世紀以降におけるM8.5以上の地震は20回を数える。そして，そのうち17回は環太平洋地域で発生している（国立天文台，2014）[26]。また，2011年3月11日に発生して，現在も進行中である東北地方太平洋沖地震（東日本大震災）を除き，海溝型地震のすべてで地震後数年間以内に震源付近で火山が噴火している。

東北地方太平洋沖地震以降，日本，特に太平洋側の地域では，大きな地震があれば津波の発生を前提に，安全な高台に避難するということが常識化している。たしかにそのこと自体は誤りではないが，環太平洋の対岸や陸から離れた海底で発生した地震でも津波は生じる。たとえば，1960年5月22日に発生した観測史上最大規模（M9.5）のバルデビア地震（チリ）が発生した（Carlos, 2010）[27]。当時のバルデビア周辺の写真をみると意外に住宅は倒壊していない。15分後には，約20mの津波がチリ沿岸部を襲った。そして，津波は，平均時速750km～900kmで太平洋地域を伝播し，約15時間後にはハワイ諸島を襲った。

ハワイ島のヒロでは10.5mの高さの津波を観測し61名が死亡した。約22時間後にこの津波は，日本にも到達し三陸海岸やむつ市などで高さ6mを超え，岩手県大船渡市で53名，宮城県志津川町（現南三陸町）では37人，北海道浜中町霧多布地区では11人などの合計142人が死亡した。この津波は，日本では三陸チリ津波と名づけられている。環太平洋地域のようなところでは，直接に地震の揺れを感じることがなくとも津波が発生するのである[28]。

ハワイのオアフ島には，ハワイとアラスカで165人の犠牲者が出たアリューシャン地震（M9.1：1957年）を受けて，アメリカ海洋大気庁（NOAA）のもとに太平洋津波警報センター（Pacific Tsunami Warning Center, PTWC）が設立されて，津波情報の監視や提供に努めていたが，三陸チリ津波の時は，日本の気象庁などとの意思の疎通がうまくいかず被害の軽減に顕著な役割を果たせな

かった。

 2011年3月11日に発生した東北地方・太平洋沖地震の津波は，やはり太平洋を横切り22時間後には南米のペルーに達している。チリ北端のアリカでは，津波の高さが0.91mになったものの幸い人的被害までは出なかった[29]。また，2010年2月27日にチリのコンセプシオン沖で発生したビオビオ（マウレ）地震（M8.8）の時にも，津波は太平洋を渡ったが大きな被害をもたらすほどのものではなかった[30]。

 1896（明治29）年6月15日に発生した明治三陸地震（M8.2：死亡者2万2,000人）は，東北地方太平洋沖地震同様の海溝型地震であり津波が生じた[31]。そして明治三陸地震の結果，北米プレートと太平洋プレートのアスペリティ（固着域）が減少し，太平洋プレートの移動速度が上昇したため太平洋プレートの中で正断層が起きアウターライズ型地震が発生し，ここでも津波となった。1933年（昭和8年）3月3日の昭和三陸地震（M8.1：死亡者3,064人）がこれにあたる。明治三陸地震の海溝型に始まり，昭和三陸地震のアウターライズ型地震までは37年の時差があることに注意する必要がある。被災地に住む人たちはもとより，行政，マスコミなどは，1日も早い復興を求める。しかしながら，東北地方・太平洋沖地震は，地震発生メカニズムからみると，現在もまだ進行中であるといえる。

 2004年12月26日に発生しインド洋大津波（約34m）を起こしたスマトラ・アンダマン地震（M9.1：死亡者約22万5,000人以上）ではインドネシアのみならず，インド洋沿岸のインド，スリランカ，タイ，マレーシア，モルディブ，マダガスカル，ソマリアなど東南アジア全域に加え，東アフリカ等でも被害が発生した。この時も，津波に関する国際的な情報システムが確立しておらず被害が拡大した。また，アウターライズ型地震が発生したのは2012年4月11日であり，8年の月日を要している。ステージ1：内陸直下型地震→ステージ2：火山噴火→ステージ3：海溝型地震→ステージ4a:火山爆発→ステージ4b：アウターライズ型地震を1サイクルと考えてよいのではないかと思う。

IV. バルデビアの地形環境と被災記憶の風化

　チリは周知のように南北に非常に細長く伸びた国で，海岸の西側では東太平洋海嶺で形成されたナスカプレートが海岸から沖合 160km のペルー・チリ海溝で南米プレートの下に潜り込んでいる。また，南端 3 分の 1 は南極プレートが南米プレートの下に潜り込む。南米大陸北部では，大西洋からの湿潤で温暖な東風がアンデス山脈東側の地域に多くの降水量をもたらし，アンデス山脈の西側では著しく乾燥しアタカマ砂漠が形成されている。チリの現在の首都サンチアゴは，乾燥地域の南端に位置している。

　これに対し，南米大陸南部では，太平洋からの冷涼で湿潤な西風が吹き，アンデス山脈西側で高降水量をもたらせる。このため，テムコから南部向かうに

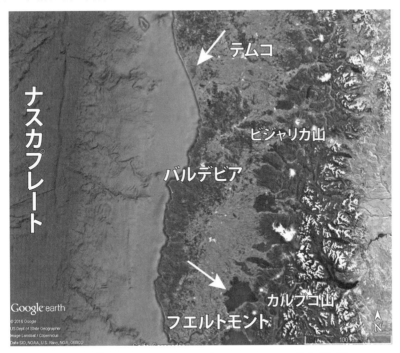

図 9-5　プエルトモント付近の湖（©Google Earth に一部加筆）[24]

したがって，湖の面積が徐々に大きくなり，プエルトモントでは海が侵入する（図9-5）。年縞調査として，プエルトモントの北側，プエルトバラスやオソルノ山が面した湖，津波堆積物の調査としてはテムコの西のラグーンが候補地として考えられる。

バルデビアビアは，チリの首都サンチアゴからおよそ南に800km，テムコとプエルトモントの間に位置し，海岸から川を約50km遡ったところにある。ちょうど，バルデビア付近は河川の感潮限界であり，港町として日本へのチップの積出港となっている。また，気候は比較的冷涼で，夏季のハイシーズンには避暑地として多くの観光客が訪れる。

バルデビアは，大局的にみると，アンデス山脈とそれに並行してのびる海岸山地に挟まれた盆地である。海岸に面するコラル地区やニエブラ地区には，第三紀中新世頃の海成砂岩からなる山地や2段の海成段丘面がある。バルデビアでは，ナスカプレートがペルー・チリ海溝で南米プレートの下に潜り込んでおり，南米プレートが跳ねるという海溝型地震がしばしば発生してきた（Carlos, 2010）[32]。スペイン人の植民以降だけでも1575年, 1737年, 1837年, 1960年（バルデビア地震），2010年（ビオビオ（マウレ）地震），2014年（イキケ地震）に巨大地震が記録されている。また，ネイティブアメリカンのマプチェ族も津波を想像させる海神の伝承を有している。

1960年5月22日15時11分14秒（現地時間）にバルデビア沖を震源として発生した地震は，観測史上最も大きいM9.5を記録し，地震による死亡者は1,743人（Carlos, 2010）[33]に達した。バルデビア付近では，津波は海岸近くのコラル地区で約10m～18mを超え低位海成段丘面まで達したが，中位海成段丘面や山地はかろうじて被害を免れた。

さて，図9-6はバルデビア市街地付近の地形分類図である。この地域は第三紀中新世（約2000万年前）の海成砂岩を中心とした砂岩から構成された低山地が基盤を形成している。そして，おそらくリス・ウルム間氷期に堆積したと考えられる中位海成段丘面（約12万年前）。低位河成段丘面（約3万年前），開析谷（約2万年前），自然堤防（約500年前以降），後背湿地（約500年前以降）から構成されている。

第9章 環太平洋の災害と文明　173

図9-6　バルデビア地形分類図（高橋原図）

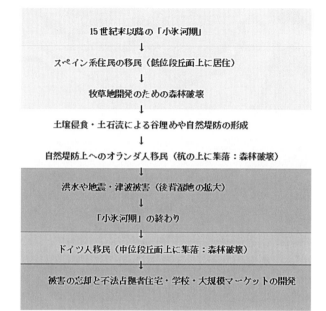

図9-7　入植過程と土地開発（高橋原図）

　ここで注目されるのは，この地域への入植した時期や民族によって，開発対象とした地域が異なることである。図9-7に示したように，15世紀末以降の「小氷期」に，まずスペイン系住民が低位河成段丘面上に居住を開始した。城壁で街を囲み，交通の要所，要所に砦を築いた。そして，牧草地や畠の開発や生活用の木材や薪に使用するために中位海成段丘面の森林を破壊した。この地域では，太平洋から強い西風が吹くために牧草地や畠の周辺には防風林を残さざるを得なかった可能性が高い。ただし，現在，景観にみられる防風林は外来のユーカリそしてシラカバが多く，後の時代に植林したものが多いと考えられる。この森林破壊によって，土壌侵食や土石流による谷埋めが進行したり，自然堤防が形成されたりした。

　ここで形成された自然堤防（大規模自然堤防）上へ，続いてオランダ人系住民が入植した。オランダ人系住民は，母国のアムステルダムやロッテルダムなどの低湿地への街づくりの経験から，自然堤防上に長さ8m程度の木杭を大量

に打ち込み，この杭の上に住居を建築した。この自然堤防に打ち込む杭を得るためにも森林が破壊されていった。街の中心からバルデビア川に沿って河口に近いコラル地区へ向かう歴史的な街道は，自然堤防上に位置し延びている。この自然堤防上には，海運会社などの堅牢な建物が立地しており，建物には建築年代が書かれている。それをみると，1960年の地震以前に建築されたものであることがわかる。オランダ系住民が移民してきたのは「小氷期」の頃にあたる。

　人為的補強もあって自然堤防が形成されると，相対的にウルム氷期最盛期に形成された開析谷や開析谷起源の後背湿地が，より低湿な場所として埋積が進行した。バルデビア付近は，森林破壊による洪水はもとより何度も巨大地震が生じた。そして，津波被害も受けたに違いない。現時点で，残存しているオランダ系住民の活躍の痕跡をたどると，貿易と皮革産業に従事していた比較的裕福な人々がいたことが建物から推察できる。

　さて，スペイン，オランダに遅れてドイツ系住民の移民が顕著になった。彼ら中位海成段丘面上に比較的敷地面積の広い大きな家屋を建築し，新興住民としてビール会社や木材会社などを経営している。バルデビアで最も裕福な人たちである。ドイツ系住民がやってきた時，すでに「小氷期」は終わりを告げており，彼らは環境難民としてではなくこの地にやってきたものと思われる。

　最も土地開発が遅れたのが，開析谷と後背湿地である。バルデビア川に沿って自然堤防が形成されたことで，いっそう低湿になった開析谷や後背湿地の一部はバリオバッフォと呼ばれ牧草地や荒蕪地になっている。さらに，1960年の地震の際に地盤沈下して河川と一体化してしまったところもある。また，地震直後に撮影された写真をみると，自然堤防上の住居は不同沈下によって，地層の液状化や側方流動で道路がひび割れだらけになったりした。しかし，元の形状を残さないほどひどく破壊された住宅は記録されていない。

　後背湿地に建設されたばかりの大きな靴工場が倒壊した（図9-8）。また，後背湿地に建設された学校は，壊れることなく地盤沈下した。もともと非常に天井の高い建物であったこともあり，この学校は改修され現在も学校として利用されている。ただし，建物の中をみると，地震以前に出入り口であったところが，1m近く沈降して残存している。図9-9をみると，手前の凹みが地震以

図9-8 1960年バルデビア地震で倒壊した靴工場（左：ONEMI資料，右：高橋撮影）

図9-9 1960年バルデビア地震で地盤沈下した学校（高橋撮影）

前の出入り口であり，人物の向こうに現在のドアがある。倒壊した靴工場や地盤沈下した学校の近くに，チリヤシを安田喜憲が発見した。図9-10はチリ中部に生えているヤシの高木であるが，その根元が少なくとも2回にわたり地表面から抜け上がっているのである。本来の地表面は，4m以上高いところに位置していたことは間違いない。チリヤシ自体はバルデビア付近では，珍しい植物ではないが，千年以上の寿命があり25m以上の高さに達する。バルデビアの街にあるチリヤシをみて歩くと，開析谷や後背湿地で特に軟弱な地層が厚い

図 9-10　地震で抜け上がったチリヤシ（高橋撮影）

場所では，規模は様々であるが根元の抜け上がりが観察できる。なかでも安田の発見したチリヤシは，バルデビア付近における古地震の記録を残している可能性が高い。

　さて，現在，バルデビアでは開析谷の生態系を守ろうとする NPO の活動をしている人々がいる。その一方で，後背湿地や開析谷に建物を建てようとする人たちもいる。スーパーマーケット，学校，消防署などのほか一般住宅もある。スーパーマーケットや学校は，広い土地が必要であるための選択である。一般住宅は，基本的に専門の建築業者が住宅を建てるのではなく，ほとんどが手作りである。今，住宅を建設中の人に聞くと，建築期間は約 2 年間，土地代はただで，建築材料費は日本円に換算しておよそ 80 万円だという。典型的なスクオッターの住宅である（図 9-11）。

　地震から 53 年たった 2013 年にバルデビアで，この地震の体験者に聞き取り調査を行った。地震や津波の記憶がある程度明瞭であったのは，ほぼ 80 歳以

図9-11　開析谷のスクオッター集落（高橋撮影）

上の高齢者であった。ただし，記憶のほとんどは個人として体験したことで，地震や津波の全体像を知る人はいなかった。1960年当時，一般家庭にテレビはなく，首都サンチアゴやコンセプシオンなどの大都市も被災したためラジオなどの情報発信も受信も欠如していたらしい。そして，60歳以下の年齢階層の人々では，地震や津波に関してほとんど記憶がなかった。このことは1995年に日本で発生した兵庫県南部地震（阪神・淡路大震災）でも同様で，被災体験を語り継ごうとするNPOなどの熱心な活動にもかかわらず，約20年経つと被災体験は消滅していく運命にあることを示唆している。2011年の東北地方・太平洋沖地震でも，1960年の三陸チリ津波の経験は忘れ去られていることが多かった。

　バルデビアでも，1960年の地震があり，大きな被害があったことは話としては知っているものの，それと開析谷や後背湿地に極めて安価に建てようとしているスクオッター住宅との間に，密接な関係があると知られていない。

　チリでは，消防はボランティアによるもので市役所は関与していない。その代わりアメリカ合衆国連邦緊急事態管理庁災害庁（FEMA：Federal Emergency

図 9-12 1960 年バルデビア地震で水没した住居（ONEMI 資料）

Management Agency) に似た組織で災害庁（ONEMI : Oficina Nacional de Ministerio del Interior) が存在する。そこでは 1960 年の地震災害の写真や資料などの収集を行っている。その写真をみても原型をとどめないほど破壊した住居はなく，地盤沈下のためか津波のために水没した住宅が多く残されていた(図 9-12)。現在のように開析谷や後背湿地には，1960 年頃は牧草地で住宅は立っていなかった。

2011 年 3 月 11 日の東北地方・太平洋沖地震や 1944 年の東南海地震でも，地震の揺れにより倒壊した住宅は最も地盤の悪いところでも 5 〜 10%であった。海溝型地震の場合の被害では，意外に家屋の倒壊が低いことが注目される。これに対し 1891 年の内陸直下型である濃尾地震では，住宅倒壊率は 80 〜 100%に達していた。海溝型地震では津波による被害が極めて大きく，海に面した地域で約 1%のところが多く，最悪の地域で 9%にのぼる（高橋，2014）[34]。ちなみに兵庫県南部地震では，津波はなく人口の約 0.5%が死亡した。海溝型地震と内陸直下型地震では明らかに地震被害の内容に差がある。

V. 環太平洋地域の地震と火山噴火との関係

1. 地震後の火山噴火

　1960年のバルデビア地震では，5月21日Mw8.2，22日Mw7.9の地震が本震の前に起きていた。また，地震の2日後にはプジェウエ・コルドン・カウジェ山，49日後にはペテロア山，54日後にはトゥプンガティト山，そして7カ月後にはカルブコ山が爆発した。この地域は，太平洋からの西風が卓越するため，火山噴出物の多くは国境を越えてアルゼンチンに重大な被害をもたらせた[35]。

　2010年2月27日3時34分に発生したビオビオ（マウレ）地震は，チリ中部のコンセプシオン（マウレ州）沖でM8.8の地震が発生し死亡者521人[36]，日本にも約22時間後に津波が到達したが，規模が小さく被災者はでなかった。そして，1年3カ月後にプジェウエ・コルドン・カウジェ山が，1年6カ月後にペテロア山が噴火し，アルゼンチンを中心に被害がでた。そして，この次はチリ北部で起きるといわれ，小規模な地震が続く中，2014年4月2日にペルーとの国境に近い海溝でM8.2のイキケ地震が発生した。人口密度が極めて少なく死亡者は6人であった。また，2015年3月3日にビジャリカ山が，4月23日にはカルブコ山が大噴火した。

　1950年以降におけるチリ以外の環太平洋地域の巨大地震と火山爆発との関係をみると，1952年11月4日カムチャッカ地震(M9.0)の1日後にカルビンスキー山，8日後にタオ・ルシィル山，31日後マールイセミャチック山，1年9カ月後サリチェフ山，2年11カ月後ベスイミアニ山が噴火した。1957年3月9日アリューシャン地震（M9.1）では，2日後ヴィゼヴェドフ山，1年5カ月後にオクモク山が爆発した。1964年3月28日のアラスカ地震（M9.2）では，64日後にトライデント山，1年10カ月後にリダウト山が噴火した。2004年12月26日スマトラ・アンダマン地震（M9.3）では79日後にタンクバンプラフ山，105日後にタラン山，1年2カ月後にメラピ山，1年5カ月後にバレン山，2年9カ月後にケルート山，2年10カ月後にアナク・クラカタウ山が爆発している（国立天文台，2014）[37]。

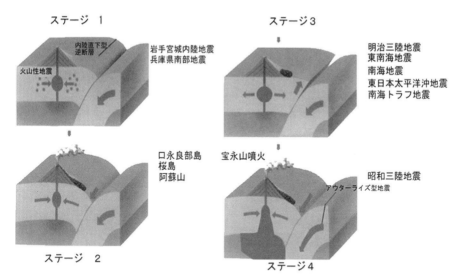

図 9-13　プレートの動きと地震・火山噴火モデル（高橋原図）

2. 日本列島周辺の地震と火山活動

　2011 年 3 月 11 日以前，太平洋プレートは東から西に年間ほぼ 10cm の割合で北米プレートの下にもぐりこみ，フィリピン海プレートは年間約 4cm の速度でユーラシアプレートの下にもぐりこんでいた。また，太平洋プレートはフィリピン海プレートの下に，さらにフィリピン海プレートはユーラシアプレートの下にもぐりこんでいた。東京（首都圏）は 3 枚の重なるプレートの上に位置している。

　東北地方太平洋沖地震が発生すると，北米プレート東端が跳ねあがったため，太平洋プレートが北米プレートなどの下に沈み込む時のアスペリティ(固着域)が小さくなり，太平洋プレートの沈み込み速度が年間 30 〜 40cm に加速した。太平洋プレートはフィリピン海プレートの下にも潜り込んでおり，その圧力の影響で，西之島新島などが噴火などを続けている。

　図 9-13 に示したように，プレートの動きと断層活動と火山の活動については，およそ 4 ステージに模式化できる。

ステージ1：下盤プレート（太平洋プレート，フィリピン海プレート）のもぐりこみにより圧力を受けて陸側プレート（北米プレート，ユーラシアプレート，フィリピン海プレート）に逆断層が生じる。1995年の兵庫県南部地震などは，次に発生する南海トラフ地震のステージ1である。

ステージ2：プレートのもぐりこみで，陸側プレートのマグマだまりが圧縮されて火山が爆発する。口永良部島，桜島，霧島新燃岳，阿蘇山の噴火などはこれにあたる。南海トラフ地震のステージ2である。東北地方太平洋沖地震では，この段階の顕著な火山活動は存在しなかった。

ステージ3：プレート（海溝・トラフ型）地震の発生。1944年東南海地震，1946年南海地震，2011年東北地方太平洋地震，近く起こる南海トラフ地震は，これにあたる。

ステージ4：海側プレート（太平洋プレート，フィリピン海プレート）が急速にもぐりこみ，マグマが形成され陸側プレートの火山が噴火する。世界で生じたM8.5以上の地震で火山活動が顕著になっていないのは東北地方・太平洋沖地震だけである。十勝岳，摩周湖・屈斜路湖・雄阿寒・雌阿寒付近，八甲田山，十和田湖，蔵王，日光白根山，草津白根山，白頭山（中国・北朝鮮国境）などの火山活動が活発化しかけている。また，加速した海側プレートの動きについていけない部分で正断層が発生し（アウターライズ型地震），津波が生じる。明治三陸地震（1896年）のアウターライズ型地震として昭和三陸地震（1933年）が生じたと考えられている（国立天文台，2014）[38]。2004年スマトラ・アンダマン地震のアウターライズ型地震は2012年に発生した。現在，東北地方はこの段階。このことを考えると，東北地方太平洋沖地震はまだ終わっていない。

VI. まとめ

環太平洋地域を1つの視野にいれることで，内陸直下地震，火山噴火，トラフ型地震，火山の巨大噴火が一連のメカニズムのなかで理解することができる。東北地方・太平洋沖地震（東日本大震災）は，現在，ステージ4段階にありア

ウターライズ型地震が発生し津波が起きるまで継続中である。この点，ステージ 3 の巨大地震で終わると考えるのは拙速だといえる。今後，東日本を中心に火山活動が活発化するのは間違いない。

　また，1995 年兵庫県南部地震（阪神・淡路大震災）から始まった南海トラフ地震は，現在，第 1 ステージの内陸直下型地震とステージ 2 の火山爆発が同時進行中である。たとえば，口永良部島，桜島，霧島新燃岳，九重山，阿蘇山などの火山活動の活発化は，フィリピン海プレートの動きが大きく関与しており，ステージ 3 の南海トラフ地震まで続くか，マグマだまりの圧力がなくなるまで続く。

　現在，日本列島は東北地方・太平洋沖地震のステージ 4 と南海トラフ地震のステージ 1 と 2 あたり，地震，火山噴火の活動期に入っており，西日本ではステージ 1 の内陸直下型地震（近畿三角帯を中心に琉球列島，豊後水道など）が発生する可能性が高い。また，九州，中国を中心に火山活動の活発化すると考えられる。

　一般に，日本ではプレートの動きと火山活動，地震，津波の関連性について述べられることは少ない。しかも地震のメカニズムを研究する地球物理学や火山活動そのものを研究する人たちはいるが，災害のメカニズムを研究する人材は極めて少ない。2011 年の東北地方太平洋地震時に津波被害を受けたところは，特定の「土地の履歴」の場所であった（高橋，2014）[39]。この次に発生するであろう琉球列島地震＋南海トラフ地震＋富士山噴火などの前段階に現在すでに入っている。この時生じる可能性の高い津波では，沿岸地域の人口 1％と見込んでも約 47 万人になる。これと比較すると，東北地方太平洋沖地震の津波被害が大きなものではなかったことになる。日本は，今，人口に対する食糧自給率はエネルギー換算で 3 〜 4 割に過ぎない。それにもかかわらず日本人が飽食でいられるのは，極論すれば，自動車を売って，食糧を買っているのである。地震，火山噴火，津波などで通信，流通，産業が崩壊すれば，私たちは食糧すら手に入らないのである。日本を困惑させるのに火器はいらない。食糧が最大の武器である。

[注]
1) Chevallay, D.: The Spirit of the Southern Wind. The STARAIT of Magellan, 2014, pp.111.
2) 国立天文台編『平成25年理科年表』丸善出版，2014，675-788頁．
3) 前掲2)．
4) Davis, W.M.／守田　優・水山高幸訳『地形の説明的記載』大明堂，1969，517頁．
5) 遠藤邦彦『^{14}C年代測定法』ニューサイエンス社，1978，99頁．
6) 町田　洋・新井房夫『火山灰アトラス－日本列島と周辺－』東京大学出版会，1992，276頁．
7) 井関弘太郎『沖積平野』東京大学出版会，1983，145頁．
8) 町田　洋・新井房夫「南九州鬼界カルデラから噴出した広域テフラ　アカホヤ火山灰」，第四紀研究17，1978，143-163頁．
9) 安田喜憲『気候と文明の盛衰』朝倉書店，1990，358頁．
10) Alley, R.B.／山崎　淳訳『氷に刻まれた地球11万年の記憶』ソニーマガジンズ，2004，239頁，
11) 奥村晃史「^{14}C年代の補正と高精度化のための手法」，第四紀研究34，1995，191-194頁．
12) 中川　毅「水月湖の年縞：過去7万年の標準時計」，日本地球惑星連合ニュースレター6-4，2010，1-3頁．
13) 前掲10)．
14) 前掲10)．
15) http://www.um.u-ac.jp/publish_db/2000dm2k/japanese/02/02-08.html
16) 前掲15)．
17) 安田喜憲『大河文明の誕生』角川書店，2000，354頁．
18) 安田喜憲『稲作漁撈文明－長江文明から弥生文化へ』雄山閣，2009，367頁．
19) 山元龍三郎『気象異常』集英社，1989，237頁．
20) 気象庁 http://www.data.jma.go.jp/gmd/cpd/data/einino/clmrep/sst-global.html に一部加筆．
21) 前掲19)を参考に高橋作成．
22) http://www.afpbb.com/articles/-/2835535?act=all
23) 前掲19)．
24) ©Google Map に一部加筆．
　　Jacmart, F.J.: Vaidivia, reflection of a city of rivaes. Registro de Propiedad Intelectual, 2008, pp.72.
　　Dominique Verhasseit Puppinck ed., 2014 "Chile" Kactus pp.95.
25) 前掲9)．
26) 前掲2)．

27）Carlos F., Rojas H.: *VALDIVIA 1960*. Univ. Austral de Chile, 2010, pp.166.
28）http://www.bo-sai.co.jp/chirijisintsunami.html
29）ONEMI 資料.
30）ONEMI 資料.
31）ONEMI 資料.
32）前掲 27）.
33）前掲 27），ONEMI 資料.
34）高橋　学「環境史からみた東北地方・太平洋沖地震の津波被害」,（吉越昭久編『災害の地理学』文理閣，2014，所収），45-66 頁.
35）ONEMI 資料.
36）ONEMI 資料.
37）前掲 2）.
38）前掲 2）.
39）前掲 34）.

＊なお，年稿について本書編纂中に，中川　毅（2017）『人類と気候の 10 万年史』（講談社ブルーバックス）が出版された．

おわりに

　第二次世界大戦以前において，地理学は「未知なる土地」を発見し，キリスト教の布教を先達としてヨーロッパ列強が「植民地経営」を行う上で，重要な役割を果たしてきた。リヒトホーフェン（1833-1905）やその弟子のヘディン（1856-1952）などの例を挙げるまでもない。15世紀半ばに始まる大航海時代以降，20世紀半ばまで地理学はまさに実学であった。日本において教育の中で地理学が重要視されたのは，このような社会背景の中においてであった。そして地球が唯一，人間の生きられる場所として認識されるなかで異なる土地の知識は，社会のリーダーたちに欠くべからざるものであった。

　第二次世界大戦を遂行する中においても，人口，産業，エネルギーなど様々な知識が必要であった。本来，敵を知り己を知ることは，戦争において不可欠な情報であった。しかし，このような知識は極一部の知識人を除いてきちんと整理されたものになっていなかったのである。戦争の勝敗は，まさに工業生産力やエネルギー確保などが重要であったにもかかわらず，日清戦争，日露戦争の敵の自滅による勝利が軍部の考えを不遜なものにゆがめていったと思われる。5.15事件（1932年）と2.26事件（1936年）の間にあたる1935年に立命館大学の地理学教室が文学部に創設された。京都大学において小川琢治博士が文学部に人文地理学中心の講座を開いたことが影響し，立命館大学でも人文地理学が主流をなした。

　さて，1945年の敗戦によって，日本の地理学は大きな転換を迎えざるを得なかった。すなわち，実学からの転向である。何とか敗戦後も生き延びた学校教育社会科の中に活路を見出そうとした。地理学は現実を観ることに臆病となったのである。その結果，地理学は，考古学が文化財保護を錦の御旗として

行政の中に積極的に進出するのと異なった方向に歩みだした。現在，極めて小さな市町村であっても，行政もしくは教育委員会の中に文化財担当者が存在する。大規模な都道府県では文化財担当者が200名に達するところも珍しくはない。それに対し，行政の中には，防災，都市計画など関連分野が多いにもかかわらず地理学を専門に学んだ担当者は，ほとんど皆無である。

　しかも，高校教育でも世界史や日本史が必修化される中で，地理は必修から外される傾向が強い。何とか確保した教育分野ですら地理はその場を追われようとしているのである。ユニバーサル化が環境や経済など様々な分野で進められる中で，地理学は極めて重要であるにもかかわらず，時流に完全に乗り遅れている。そのようなことになった理由は明確である。戦前の地理学を否定するあまり，現実に適応できなくなってしまったことによる。1960年代後半から経済の高度成長を軸とし，環境，産業，人口，流通，都市など様々な地理学が真正面から立ち向かわねばならない問題が山積していたにもかかわらず，多くの地理学者はそれらに目をそむけてきたのである。本来であるならば，積極的にリーダーシップをとり現実の問題を解決の方法を探るべきであったのに，そうはしなかった。たとえば，人口が都市に集中し都市圏が拡大したり，逆にシャッター通りが生まれて都市の空洞化が生まれる際に，地理学者はそこに住んでいる人たちにとって極めて当たり前の現象を説明しようとしたにすぎない。それは住民にとりなんら魅力的なものではなかったし，なんら解決策を提示するものでもなかった。文部科学省は2016年度に新たな学習指導要領を発表し，高校で「地理総合」が2022年度以降必修化されることとなった。20年以上前に地理が選択科目になり，地理は学校教育においてすらじり貧状態になっていた。今度の改定で再必修化を地理の復活にとばかりに喜んでいる教員がいるものの，実態はそれほど単純なものではない。「地理総合」の特徴は，領土，災害，GISなどである。毎日のニュースの中でもEUにほころびがみえ，宗教対立や移民問題，国際テロ，軍事的緊張などが報道されている。また，現在，書店に行けばこれまでの地理教育で無視されてきた地政学の書籍が並んでいるのである。中国が主導するAIIB（アジアインフラ投資銀行）構想なども地政学を強く意識したものであることは間違いない。

共編者の安田喜憲が「はじめに」でも述べているように，地理学は現状の後追いで，しかも外国からの借り物の理論を日本の現実に当てはめることで良しとしていたのである。これほど地理学が必要とされている時代に，現代の地理学者の多くはその要望にこたえることができなかった。「現代の地理学の体たらくは，戦後日本の地理学者の責任である」と安田喜憲は指摘しているが，私もその考えには同調する。新しい未来の地理学の創造がのぞまれているのである。そこで本書の著者は，安田喜憲より若い世代の人たちに限った。

東日本の旧帝国大学にかつて地理学教室のあったところの多くは理学部であり，自然地理学が主流であった。これに対して，西日本の旧帝国大学ではすでに述べたように人文地理学が主流であった。その中にあってわずかではあるが私立大学を中心として，自然地理にも人文地理にも目を配しながら文理融合の研究を遂行しようという学生が出てきた。「自然と人間の関係の地理学」はまさに文理融合の地理学的研究のさきがけだったのである。

著者が大学に入学した1974年頃，環境と人間に関わる研究をするというだけで「環境決定論」者とラベルを張られた。著者は中学生の頃に，エンゲルスの『サルが人間になるにあたっての労働の役割』（青木書店，1967）を批判的に読み，「サルが人間になるについての環境の役割」を研究したいとの夢をもっていた。そして，鈴木尚先生の『骨－日本人の祖先はよみがえる－』（学生社，1960）とシュリーマン『古代への情熱』（ポプラ社，1968）を愛読していた。大学1年生の秋に学園祭で，井関弘太郎先生の沖積平野に関する講演を聞き，沖積平野研究に興味がわいた。冬には同級生の原光一氏の実家に宿泊させてもらって参加した第四紀学会の「海岸砂丘と海水準変動」のシンポジウムにのめりこんだ。2年生のゼミナールは日下雅義先生が担当され「集落」が共通テーマだった。皆が『集落地理学』（矢嶋仁吉著，古今書院，1956）などを読んでいる中，私一人だけ弥生時代の集落を自分のテーマにした。さらに幸運だったのは，日下雅義先生がそれまでの災害研究とは異なり，応神天皇陵が活断層で変形しているという論文を考古学研究に発表されたばかりであったことである。

当時，平野研究で主流だった河岸段丘の研究は，テフロクロノロジーを武器

に10^4年の研究であった。そこで私は考えた「10^4年や10^3年の研究をしても永久に追いつけない。自分が一人前として発言できるようになる15年後には，10^2年やもっと精度の高い研究が必要となるだろう。そして，タイムスケールが短くなればなるほど，自然環境の変化は，人間にとって災害として認識されるであろう」と。そこで藤岡謙二郎先生にお借りしたクロフォードの『空中写真考古学』(*Air Survey and Archaeology:Illustrated by Maps and Diagrams. 2nd ed.*, H.M. Stationery Off., 1928) に目をつけた。幸い平野の表層堆積物を詳細に観察しながら空中写真を読む研究者は，ほとんどいなかったのである。

　十分にデータが収集できた1995年に，兵庫県南部地震（阪神淡路大震災）が発生した。兵庫県は修士論文以降，ずっと発掘調査してきた地域であった。ちょうどこの頃，安田喜憲により1991年に掘削が始まった福井県水月湖のボーリングコアから0.7㎜程度の薄い縞模様が発見され，1993年に1年ごとにできる「年縞」であることが指摘された。その後の調査も含め過去5万年以上が1年単位で明らかにできることが判明した。ついに10^0年単位の環境変動の復原が可能になったのである。

　ここで極めて重要な点は，過去に関する調査研究を行うことによって，未来の展望が科学的にできるようになったことである。本書の分担執筆者にとって，研究の精度を1桁上げることは，永年持ってきた夢である。それが実現してきた今，新たな研究が大きく進展することが期待されるのである。

　本書に収められている論文は，(1) これまでと異なり常に環境と人間の関わりを考えようとしている。(2) より精度の高いタイムスケールを物差しにしようとしている。(3) 研究対象は過去にあるが，常に現在や未来を考える視点を持っている。(4) 自然地理学と人文地理学を分離してしまうことのない新たな「自然と人間の関係の地理学」を目指すものである。

　このような書籍の出版を快くお引き受けいただいた古今書院の橋本寿資社長，編集にあたっていただいた原光一氏に厚くお礼申し上げたい。

2017年8月13日

高橋　学

[執筆者紹介]
宮本真二（みやもと しんじ）[第1章]
1971年生まれ．東京都立大学大学院理学研究科地理学専攻修士課程修了，同博士課程中退，博士（理学）．滋賀県立琵琶湖博物館主任学芸員を経て，現在，岡山理科大学生物地球学部准教授．専門は，地理学，環境史，環境考古学．共編著書に『自然と人間の環境史（ネイチャー・アンド・ソサエティ研究　第1巻）』（海青社，2014），『鯰（ナマズ）イメージとその素顔』（八坂書房，2008），分担執筆に『生老病死のエコロジー－チベット・ヒマラヤに生きる－』（昭和堂，2011），『ヒマラヤの環境誌－山岳地域のシェルパの世界－』（八坂書房，2008）など．

額田雅裕（ぬかた まさひろ）[第2章]
1957年生まれ．立命館大学大学院文学研究科博士課程後期課程単位取得．和歌山市立博物館学芸員，主任学芸員，総括学芸員を経て，現在，同館館長（2009年4月より2013年3月までは和歌山市教育委員会生涯学習部文化振興課）．専門は，地形環境学・歴史地理学．著書に『絵図でよむ荘園の立地と環境』（古今書院，2017），分担執筆に『古代の環境と考古学』（古今書院，1995年），『地形環境と歴史景観』（古今書院，2004年），『紀伊国桛田荘』（同成社，2010年）など．

徳安浩明（とくやす ひろあき）[第3章]
1966年生まれ．立命館大学大学院文学研究科博士前期課程地理学専攻修了，博士（文学）．ヴィアトール学園洛星中学高校教諭，立命館大学文学部非常勤講師．専門は歴史地理学，地理教育．分担執筆に『上齋原村史　通史編』（岡山県苫田郡上齋原村，2001），主な論文に「19世紀における伯耆国日野川流域の鉄穴流しにともなう水害と対応」（「人文地理」63巻5号，2011）など．

神松幸弘（こうまつ ゆきひろ）[第4章]
1973年生まれ．京都大学大学院理学研究科博士後期課程修了，博士（理学）．総合地球環境学研究所助教，京都大学生態学研究センター研究員などを経て，現在，立命館大学環太平洋文明研究センター専門研究員．専門は動物生態学，地理学．共編著書に『安定同位体というメガネ－人と環境のつながりを診る』（昭和堂，2010），分担執筆に『人と水1　水と環境』（勉誠出版，2010），『資源とコモンズ』（弘文堂，2007）など．

小野映介（おの えいすけ）[第5章]
1976年生まれ．名古屋大学文学研究科博士課程後期修了，博士（地理学）．名古屋大学大学院環境学研究科助教を経て，現在，新潟大学教育学部准教授．専門は自然地

理学．分担執筆に『沖積低地の地形環境学』(古今書院，2012)，『自然と人間の環境史（ネイチャー・アンド・ソサエティ研究　第1巻)』(海青社，2014)，『微地形学　人と自然をつなぐ鍵』(古今書院，2016) など．

中村有吾（なかむら ゆうご）[第6章]
1971年生まれ．北海道大学大学院地球環境科学研究科博士後期課程修了，博士（地球環境科学）．北海道大学地震火山研究観測センター非常勤研究員などを経て，現在，室戸ジオパーク推進協議会地理専門員．専門は自然地理学，第四紀学．主要論文は "Stratigraphy, distribution, and petrographic properties of Holocene tephras in Hokkaido, northern Japan"（Quaternary International, Vol.397, pp.52-62, 2016)．ほか多数．

谷端　郷（たにばた ごお）[第7章]
1984年生まれ．立命館大学大学院文学研究科博士課程後期課程修了，博士（文学）．立命館大学立命館グローバル・イノベーション研究機構（R-GIRO）専門研究員を経て，現在,立命館大学歴史都市防災研究所（衣笠総合研究機構所属）専門研究員．専門は，歴史地理学，災害史，地理情報科学．主な論文に「1938年阪神大水害における家屋被害分布と地形条件・都市化との関連性－神戸市を事例に－」(「歴史地理学」54巻3号，2012)，「1934年室戸台風にみる大阪市における高潮災害の地域的差異」(「歴史地理学」56巻5号，2014) など．

森脇　広（もりわき ひろし）[第8章]
1950年生まれ．東京都立大学大学院理学研究科博士課程単位取得退学，理学博士．鹿児島大学法文学部教授を経て，現在，鹿児島大学名誉教授．専門は，自然地理学，地形学．共編著書に『日本の地形7－九州・南西諸島－』(東京大学出版会，2001)，著書に『鹿児島の地形を読む－島々の海岸段丘－（鹿児島大学島嶼研ブックレットNo.7)』(北斗書房，2017) など．

[編者紹介]
安田喜憲（やすだ よしのり）
1946年生まれ．東北大学大学院理学研究科修了，理学博士．広島大学総合科学部助手，国際日本文化研究センター教授，東北大学大学院環境科学研究科教授などを経て，現在，立命館大学環太平洋文明研究センター長．スウエーデン王立科学アカデミー会員，紫綬褒章受章，中日文化賞・中山賞大賞・東海テレビ文化賞受賞．著書に『山は市場原理主義と闘っている』（東洋経済新報社，2009）,『稲作漁撈文明』（雄山閣，2009）,『一万年前』（イーストプレス，2014）,『Water Civilization: From Yangtze to Khmer Civilizations』（Springer，2012）ほか多数．

高橋　学（たかはし まなぶ）
1954年生まれ．立命館大学大学院文学研究科地理学専修博士課程後期課程単位取得退学，博士（文学・立命館大学）．立命館大学文学部地理学教室助教授，同大学理工学部建設・環境系助教授，同教授などを経て，現在，立命館大学文学部地域研究学域地理学専攻教授，歴史都市防災研究所教授，環太平洋文明研究センター教授．主な著作に『平野の環境考古学』古今書院（2003）,「土地の履歴と阪神・淡路大震災」地理学評論（1996）,「環境史からみた東北地方太平洋沖地震の津波災害」土木史研究講演集（2012）,「Earthquake, Tsunami and Flood Disasters in Prehistoric and Historic Eras」国際考古学会議プロシーディングス（2016）,ほか多数．

自然と人間の関係の地理学

平成29（2017）年9月30日　初版第1刷発行
編　者　安田喜憲・高橋　学
発行者　株式会社古今書院　橋本寿資
印刷所　株式会社太平印刷社
製本所　渡邉製本株式会社
発行所　株式会社古今書院
〒101-0062　東京都千代田区神田駿河台2-10
Tel 03-3291-2757

©2017　Yasuda Yoshinori and Takahashi Manabu
ISBN978-4-7722-4185-4　C3025

〈検印省略〉　Printed in Japan

いろんな本をご覧ください
古今書院のホームページ

http://www.kokon.co.jp/

★ 800点以上の**新刊・既刊書**の内容・目次を写真入りでくわしく紹介
★ 地球科学やGIS，教育など**ジャンル別**のおすすめ本をリストアップ
★ 月刊『**地理**』最新号・バックナンバーの特集概要と目次を掲載
★ 書名・著者・目次・内容紹介などあらゆる語句に対応した**検索機能**

古今書院

〒101-0062　東京都千代田区神田駿河台 2-10
TEL 03-3291-2757　　FAX 03-3233-0303
☆メールでのご注文は　order@kokon.co.jp　へ